高等职业教育机电类专业新形态一体化规划教材

单片机应用技术
项目化教程

曾树华　张敏海　主　编
黄银秀　徐美清　副主编

中国铁道出版社有限公司
CHINA RAILWAY PUBLISHING HOUSE CO., LTD.

内 容 简 介

单片机是一门实践性很强，理论与实践应用结合紧密的学科。在学习中实践、在实践中学习是单片机从入门、提高到精通较好且较快捷的学习方法。本书以任务为载体，内容覆盖了51系列单片机的主要应用技术，包括I/O口、定时/计数器、中断、数码管显示、液晶显示、电动机控制技术、串行口、A/D转换、D/A转换等技术。本书所选项目具有很强的实用性，书中的项目以Proteus仿真软件和Keil C51软件为工具，给出了详细的知识讲解和实施过程。本书提供了配套资源，包括完整的源代码文件和仿真电路设计文件，以供初学者验证调试。书中还配有仿真操作视频，读者可通过扫描二维码观看。

本书适合作为高等职业院校机电设备类、自动化类、电子信息类、计算机类等专业的教学用书和相关技术培训教材，也可供51系列单片机项目开发人员参考。

图书在版编目(CIP)数据

单片机应用技术项目化教程/曾树华，张敏海主编．—北京：中国铁道出版社有限公司，2019.8(2021.8重印)

高等职业教育机电类专业新形态一体化规划教材

ISBN 978-7-113-25939-6

Ⅰ.①单… Ⅱ.①曾… ②张… Ⅲ.①单片微型计算机-高等职业教育-教材 Ⅳ.①TP368.1

中国版本图书馆CIP数据核字(2019)第168136号

书　　名：单片机应用技术项目化教程
作　　者：曾树华　张敏海

策　　划：刘梦珂　　编辑部电话：(010)63543459
责任编辑：何红艳　绳　超
编辑助理：李　彤
封面设计：刘　颖
责任校对：张玉华
责任印制：樊启鹏

出版发行：中国铁道出版社有限公司(100054，北京市西城区右安门西街8号)
网　　址：http://www.tdpress.com/51eds/
印　　刷：北京铭成印刷有限公司
版　　次：2019年8月第1版　2021年8月第2次印刷
开　　本：850 mm×1 168 mm　1/16　印张：11.25　字数：276千
书　　号：ISBN 978-7-113-25939-6
定　　价：45.00元

前 言

随着各种产业升级，生产方式越来越自动化、智能化，作为高新技术产品之一的单片机以其体积小、功能强、价格低廉、使用灵活等优势，显示出强大的生命力。单片机广泛地应用于各种仪器仪表中，使仪器仪表智能化，提高了它们的测量速度和测量精度，扩展了控制功能，如MCS-51系列单片机控制的行车记录仪、工业产品分拣装置、智能超声波测试仪等，故单片机课程作为电子、自动化、机电、计算机等专业的必修课程得以广泛开设。

但一直以来，适合初学者的单片机书籍都比较注重知识的系统性，而忽略了工作任务的完整性，使学习者不知道如何将单片机应用于现实的生活生产中，这毫无疑问大大降低了学习者学习单片机的兴趣。而事实上单片机的应用是与丰富的外围设备、控制对象分不开的，学习单片机的乐趣也在于其广泛的应用场合。本书以单片机为知识的主线，从使用单片机的角度出发，同步介绍单片机的硬件结构和编程语言，同时兼顾其使用的外部电路和元器件，试图以一个完整工作任务的形式呈现在读者面前，化解读者"只见树木，不见森林"的困境，提高读者的学习兴趣。本书以任务为载体引导教与学，每一个任务都包括任务要求、学习目标、知识储备、任务实施等部分，学生在任务或项目的学习和实践中完成对理论知识的理解和实践能力的提高。

本书精心设计了8个项目，包括15个任务，其中基础篇10个，进阶篇5个，覆盖单片机常用的控制对象，又兼顾知识的完整；知识由浅入深，适合零基础的高职学生学习和训练；既包含生活中典型应用任务，也兼顾生产中典型应用任务。项目1的任务是点亮一个LED灯，以掌握Keil C51软件、Proteus软件的简单使用为目的，同时使读者对单片机的应用有初步了解。项目2的任务2-1通过学习蜂鸣器报警控制，掌握C语言的特点、结构化设计及蜂鸣器的使用；任务2-2通过LED彩灯闪烁控制，了解单片机I/O口的使用和特点，同时掌握C语言循环语句等语句的使用。项目3的任务3-1通过汽车转向灯控制，初步掌握单片机信号的输入及逻辑运算；任务3-2通过三人表决器的设计，进一步熟悉开关电路的硬件设计、多输入信号的逻辑运算；任务3-3通过防盗报警器的制作，掌握C语言函数的定义、调用。项目4的任务4-1通过四路抢答器的设计，掌握单片机控制数码管的电路设计，软件编程及数组的使用；任务4-2通过工件计数系统的设计，掌握按键的去抖技术。项目5的任务5-1通过简易秒表的制作，初步了解中断的概念，掌握定时/计数中断的使用；任务5-2通过水塔水位控制系统的设计，掌握外部中断的使用。掌握以上知识可以完成常用的基本智能控制。在进阶篇中主要通过5个任务介绍一些稍复杂的内容。项目6的任务通过甲机控制乙机彩灯显示系统，学习单片机的通信。项目7的任务7-1通过简易电子秤的设计，掌握A/D转换的基本知识和实践运用，扩展单片机的应用情景；任务7-2通过简易波形发生器的制作，掌握D/A转换应用的经验。项目8的任务8-1通过直流电动机控制器的设计与制作，学习PWM调制的知识，掌握工业常用控制对象——电动机的调速控制，并学习液晶显示技术；任务8-2通过温度计的设计与制作，掌握常用的显示技术——动态显示技术。

本书以Keil C51软件、Proteus软件为操作软件，读者可在普通计算机上实现仿真实验，有利于提高学习者的学习兴趣（书中电路图均为仿真软件制图，其图形符号与国家标准符号不同，二者对照关系参见附录B）。本书配套设计了丰富的教学资源，包含电子教学课件、源代码文件、仿真电路设计文件等（可登录http://www.tdpress.com/51eds/网站下载）；书中还配有仿真操作视频，读者可通过扫描二维码观看。书中所有任务程序都通过调试且运行结果正确，同时为了使本书的内容更加丰富和完整，书中还引用了部分参考书中的内容，在此对相关作者表示感谢。

本书由湖南铁路科技职业技术学院曾树华、张敏海任主编，湖南化工职业技术学院黄银秀、湖南铁路科技职业技术学院徐美清任副主编，湖南铁路科技职业技术学院蒋兵兵、周湘杰、毛远斌、伍丰，湖南铁道职业技术学院罗丹参与编写。其中曾树华编写了项目1、项目2、项目3的任务3-1和附录A；张敏海编写了项目7；黄银秀编写了项目6；徐美清编写了项目8；蒋兵兵编写了项目4的任务4-1；罗丹编写了项目4的任务4-2；周湘杰编写了项目5的任务5-1；毛远斌编写了项目3的任务3-3；伍丰编写了项目3的任务3-2及项目5的任务5-2。全书由曾树华统稿。

由于时间仓促，加之编者水平有限，书中不足之处在所难免，恳请广大读者批评指正。

编　者

2019年5月

目　录

基础篇

学习目标

◎“会”用单片机

学习对象

◎“初手”和“生手”

学习内容

◎ 10个任务

学习框架

◎ 任务要求/学习目标/知识储备/任务实施

学习时长

◎ 建议60学时

学习方式

◎ 边学边做

项目1 初次见面——熟悉单片机的操作环境

任务 照亮前进的方向——点亮一个 LED 灯

任务要求

通过 51 单片机点亮一个 LED 灯，电路如图 1-1 所示。利用 Proteus 仿真软件搭建电路，用 Keil C51 编写控制程序实现其功能。

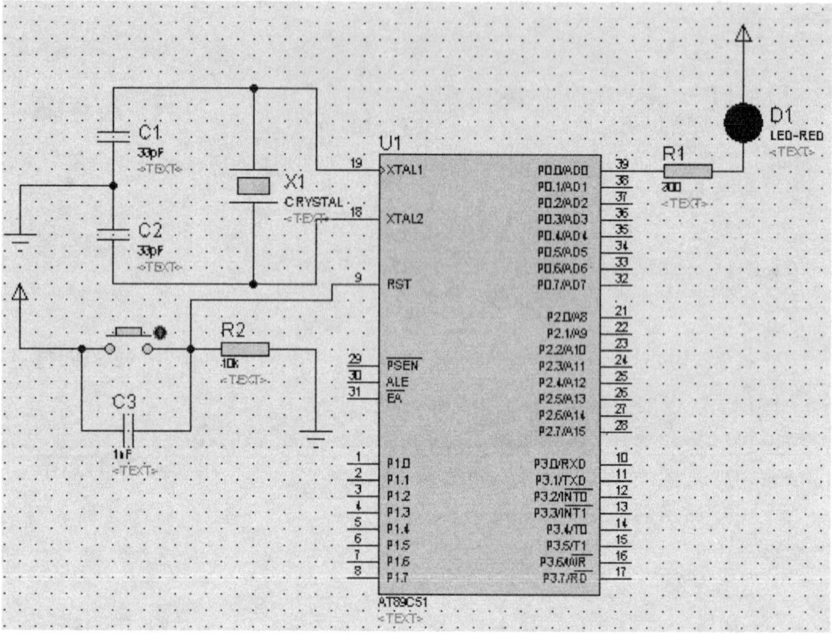

图 1-1 单片机控制 LED 灯

学习目标

(1)初步掌握单片机的开发流程。
(2)掌握 Proteus 仿真软件的使用。
(3)掌握 Keil C51 软件的使用。

知识储备

单片机自诞生以来，就以其高性价比、通用性强等优点广泛渗透我们生活的各个领域，从天上飞的飞机、地上跑的汽车、水中游的轮船，乃至于我们生活的方方面面都有它的身影，它在各种智能家居、家电、生产设备中起到智慧中心的作用。是不是觉得它很聪明、很神奇？其实它的聪明和智慧来自于人脑的聪明和智慧。那么下面用你聪明的头脑，好好指挥它，让它变得更聪明吧！

一、单片机的定义

单片微型计算机是指集成在一块芯片上的微型计算机，又称微控制器（MCU），就是把组成微型计算机的各种功能部件，包括中央处理器（central processing unit，CPU）、随机存储器（random access memory，RAM）、只读存储器（read-only memory，ROM）、基本输入/输出（input/output，I/O）接口电路、定时/计数器等部件制作在一块集成芯片上，构成一个完整的微型计算机，从而实现微型计算机的基本功能。单片机内部结构示意图如图1-2所示。

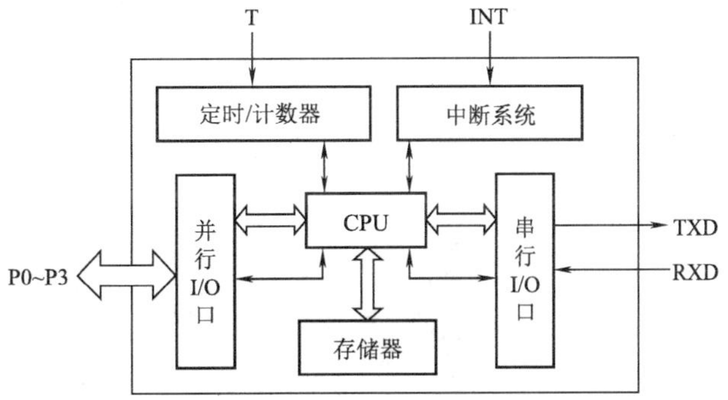

图1-2 单片机内部结构示意图

单片机实质上是一个硬件的芯片，在实际应用中，通常很难直接和被控对象进行电气连接，必须外加各种扩展接口电路、外围设备、被控对象等硬件和软件，才能构成一个单片机应用系统。

二、单片机应用系统

单片机应用系统是以单片机为核心，配以输入、输出、显示、控制等外围电路和软件，能实现一种或多种功能的实用系统。本书所使用的实训电路板也是一个单片机的应用系统，它除了有单片机芯片以外，还有许多的外围电路，再配以一系列的软件程序就可以完成很多功能。所以说，单片机应用系统是由硬件和软件组成的，硬件是应用系统的基础，软件是在硬件的基础上对其资源进行合理调配和使用，从而完成应用系统所要求的任务，二者相互依赖，缺一不可，单片机应用系统的组成如图1-3所示。

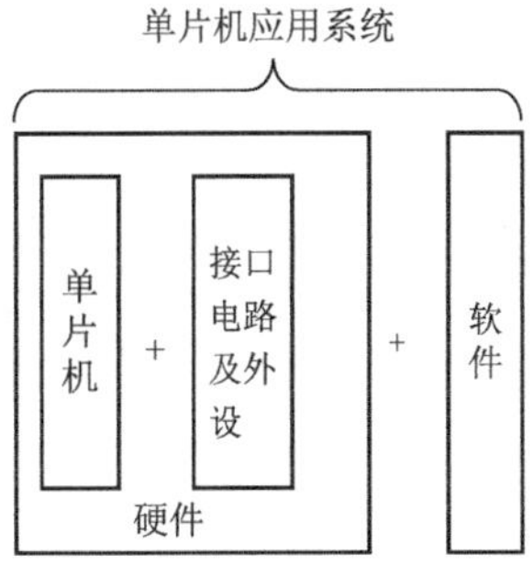

图1-3 单片机应用系统的组成

由此可见，单片机应用系统的设计人员必须从硬件和软件两个角度来深入了解单片机，并能够将二者有机结合起来，才能形成具有特定功能的应用系统或整机产品。

自从1974年美国Fairchild公司研制出第一台单片机F8之后，迄今为止，单片机经历了由4位机到8位机再到16位机、32位机和64位机的发展过程。单片机制造商很多,主要有Ti、Freescale、Microchip、宏晶科技等公司。目前,单片机正朝着高性能、多品种方向发展。近年来,32位、64位单片机已进入了实用阶段,但是由于8位单片机从性能价格比上占有优势,而且8位增强型单片机在速度和功能上已经可以和现在的16位单片机相媲美,因此,在未来相当长的时期内,8位单片机仍是单片机的主流机型。

三、51单片机

51系列单片机是目前使用最广泛的单片机。本书以AT89C51为背景,介绍单片机的硬件结构、工作原理及应用系统的设计。

AT89C51是一种低功耗、高性能CMOS 8位微控制器,具有4KB系统可编程Flash存储器,支持并行编程。使用Atmel公司高密度、非易失性存储器技术制造,与工业80C51产品指令和引脚完全兼容。片上Flash允许程序存储器在系统内编程,亦适于常规编程器。在单芯片上,拥有灵巧的8位CPU和在系统可编程Flash,使得AT89C51在众多嵌入式控制应用系统中得到广泛应用,其实物图如图1-4所示。AT89C51提供通用的4组输入/输出接口P0、P1、P2、P3,详细介绍见项目2的相关内容。

图1-4　AT89C51实物图

任务实施

一、硬件电路搭建

(1)启动Proteus仿真软件。

(2)单击界面左侧预览窗口下面的P按钮,如图1-5所示,弹出Pick Devices对话框,如图1-6所示。

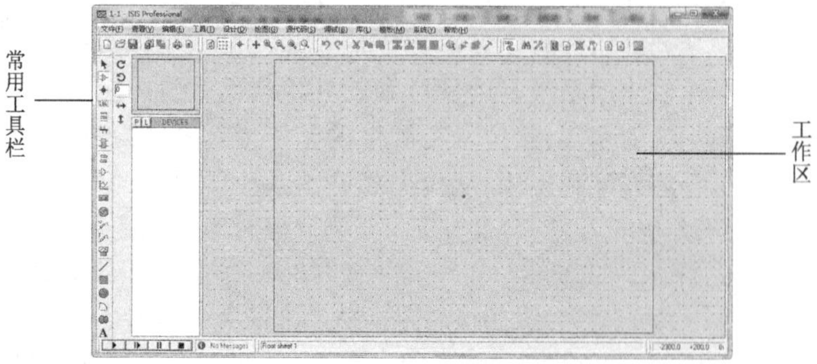

图1-5　ISIS软件界面

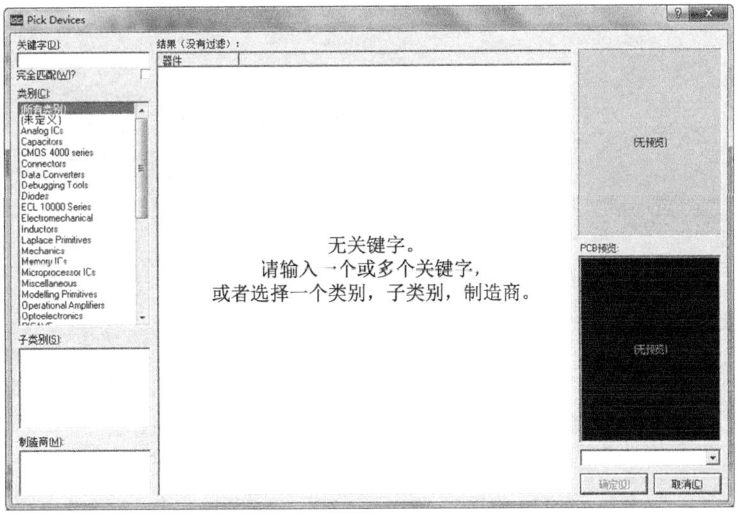

图1-6 Pick Devices 对话框

(3)在“关键字”文本框中输入 AT89C51，然后单击“确定”按钮将元件放入工作区，如图1-7所示。再依次将电阻(RES)、LED灯(LED)等放入工作区，如图1-8所示。

(4)在常用工具栏中选中终端模式中的GROUND元件，放到工作区中，如图1-9所示。

(5)连线。放置好全部元件、电源和地后，如图1-10所示，然后按原理图连接好元件。光标移动至元件引脚处，出现红色小方框时，如图1-11所示。单击，移动鼠标就会发现有导线跟着鼠标移动，如图1-12所示。将鼠标移动至另一元件引脚，再次出现红色小方框，单击，导线连接成功，如图1-13所示。把所有导线连接好，如图1-14所示。

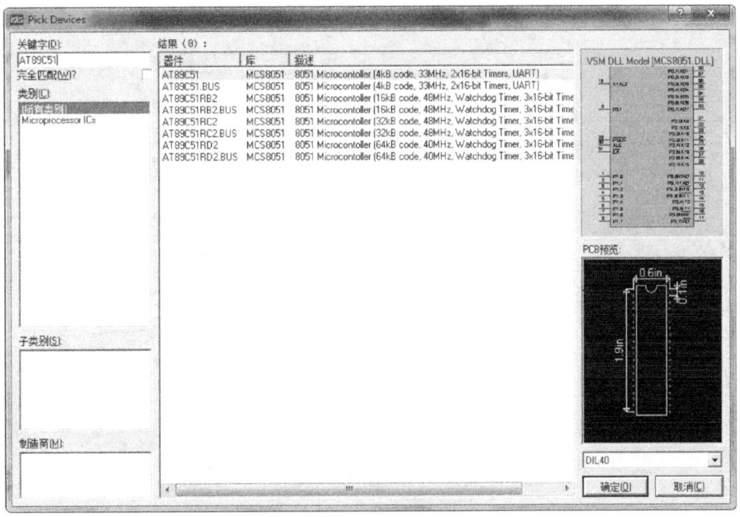

图1-7 搜索元件

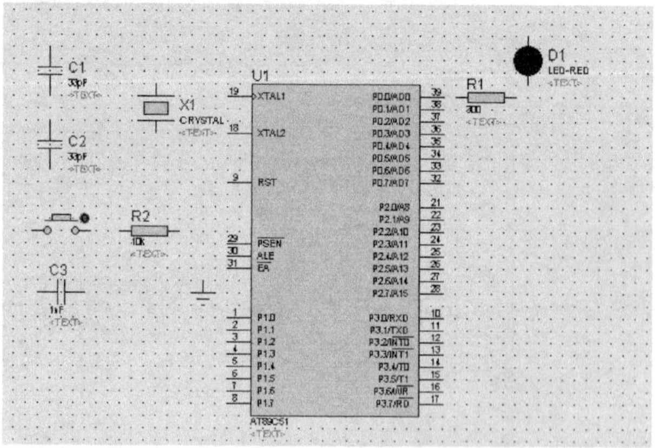

图 1-8　元件排布图

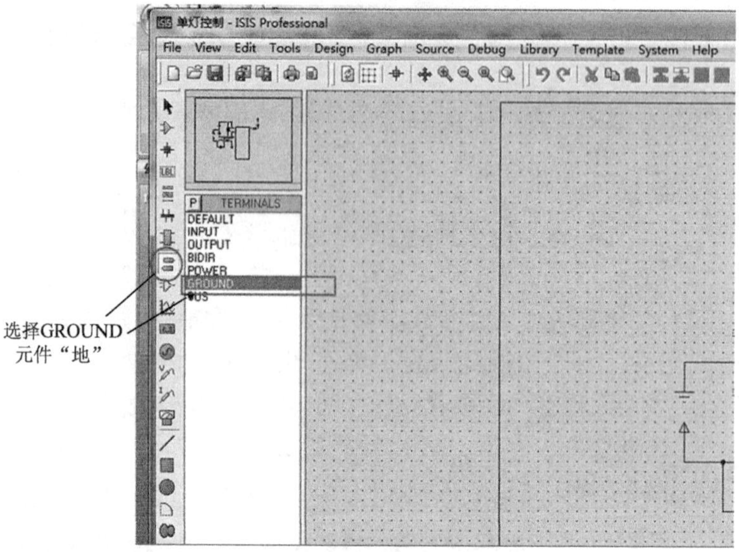

图 1-9　放置 GROUND 元件

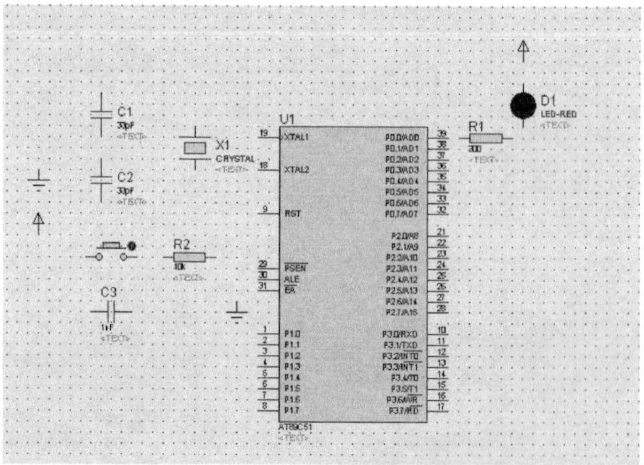

图 1-10　全部元件、电源和地布置图

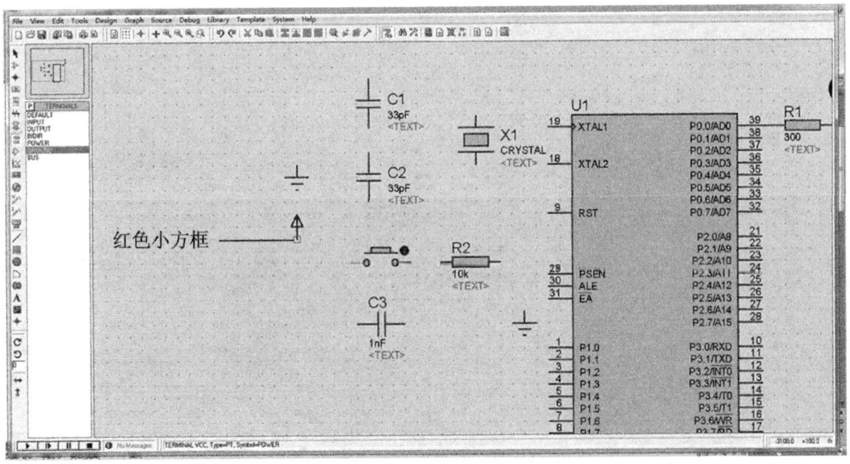

图1-11　元件引脚红色小方框

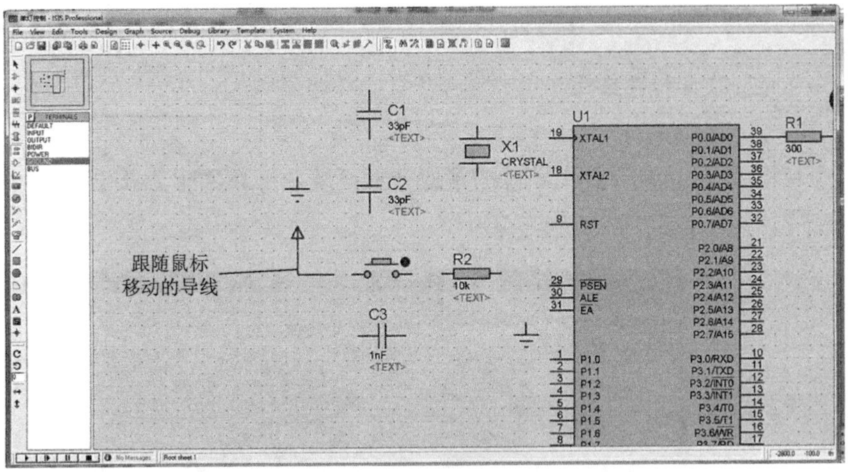

图1-12　鼠标尾部导线

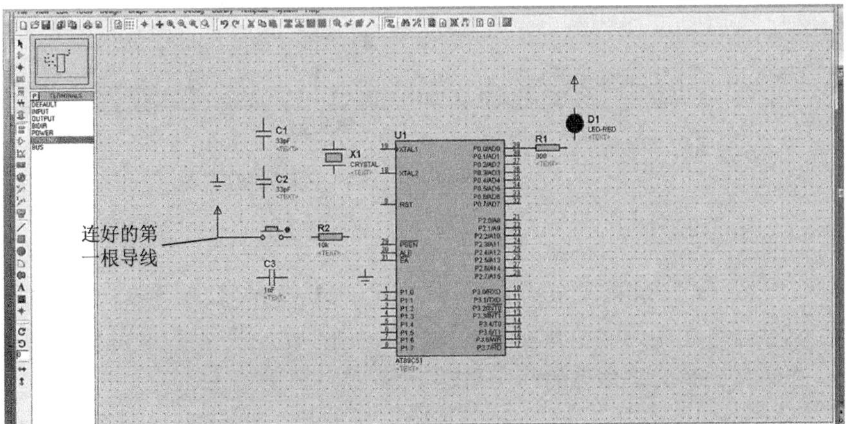

图1-13　连接导线

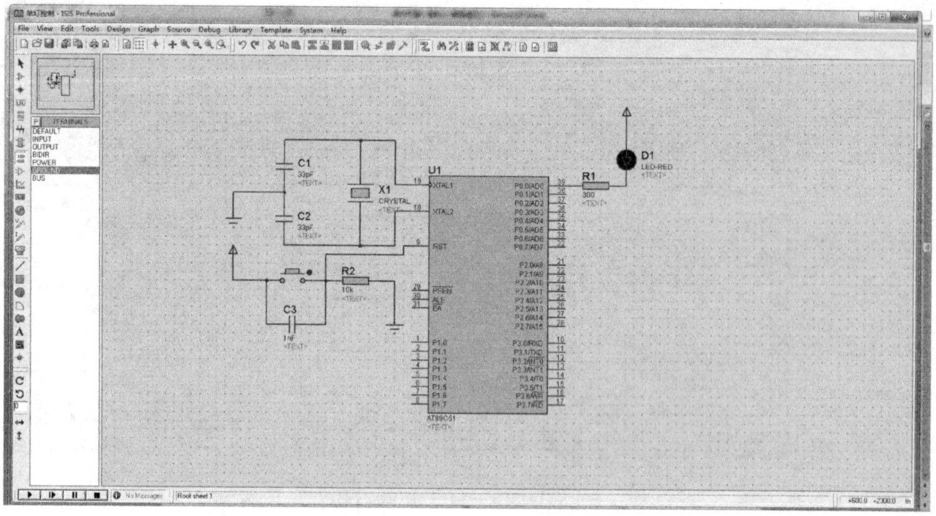

图 1-14　硬件电路图

二、软件程序编写

1. 启动 Keil C51 软件

首先启动 Keil C51 软件的集成开发环境。从桌面上直接双击 μVision 图标，启动该软件，打开如图 1-15 所示窗口。

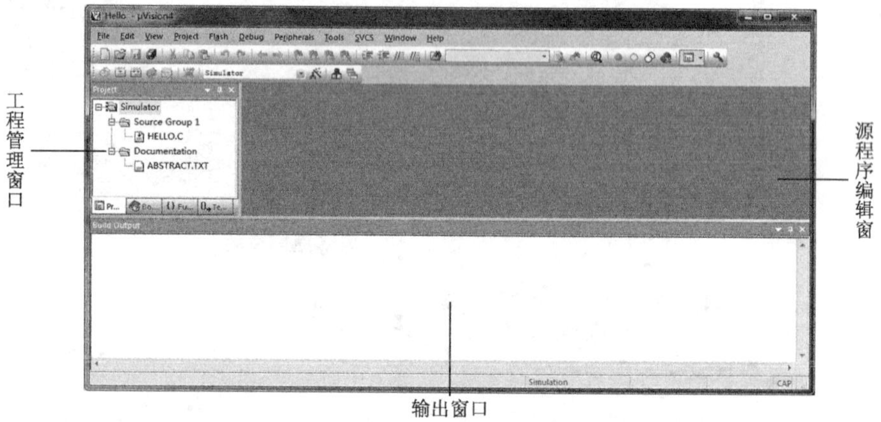

图 1-15　Keil C51 启动窗口

小提示

Keil C51 提供了包括 C 编译器、宏汇编、连接器、库管理和一个功能强大的仿真调试器等在内的完整开发方案，通过一个集成开发环境（μVision）将这些部分组合在一起。学会该软件的使用是学习 51 单片机的第一步。

2. 建立工程文件

在图 1-15 所示的工作窗口中，选择 Project→New μVision Project 命令，打开 Create New Project 对话框，如图 1－16 所示。在 Create New Project 对话框中，选择工程保存目录，并在“文件名”文本框中输入工程名字（如 ex1－1），不需要加扩展名，单击“保存”按钮，出现如图 1－17 所示的 Select Device for Target ‘Target 1’对话框。

在图 1－17 中，单击左侧列表框中 Atmel 项前面的⊞号，展开该层，单击其中的 AT89C51，如图 1－18 所示，然后再单击 OK 按钮。

图 1－16　建立工程文件

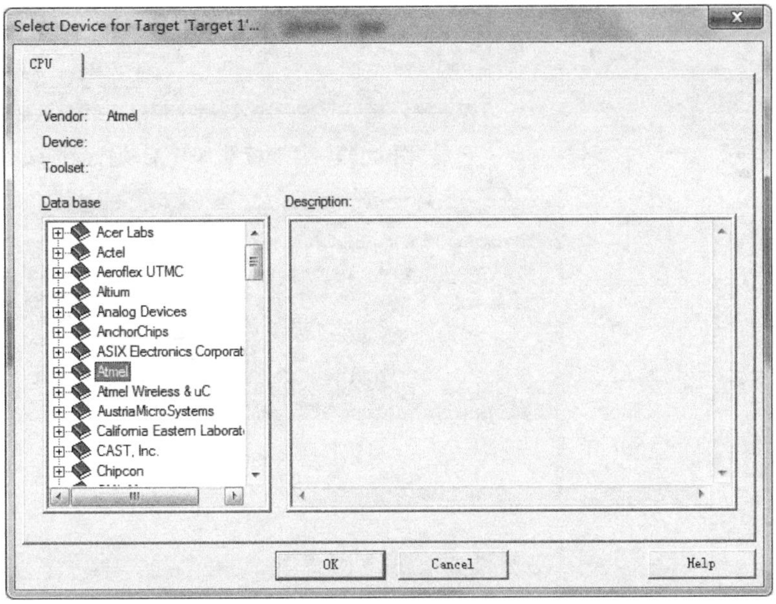

图 1－17　选择目标器件窗口

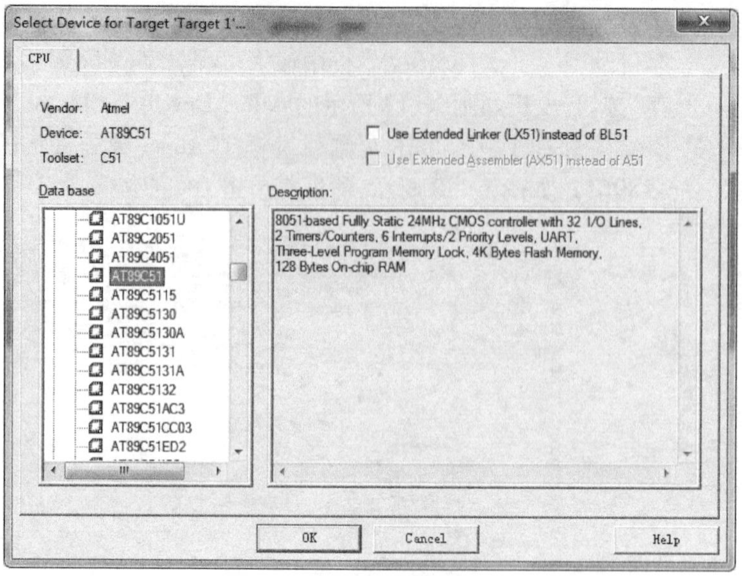

图 1-18　选择目标 CPU

打开如图 1-19 所示的复制标准 8051 启动代码选择窗口界面，单击“是”按钮回到主界面，如图 1-20 所示。

图 1-19　复制标准 8051 启动代码选择窗口

图 1-20　建立工程后的主界面

3. 建立并添加源文件

(1) 选择 File→New 命令，出现如图 1-21 所示的文本编辑窗口，在该窗口中输入如下源程序：

```
#include <reg51.h>
sbit LED = P0^0;
void main(void)
{
  LED = 0;
}
```

（2）对该源程序检查校正后，选择 File→Save as 命令，将源程序另存为 C 语言源程序文件，如图 1-22 所示。

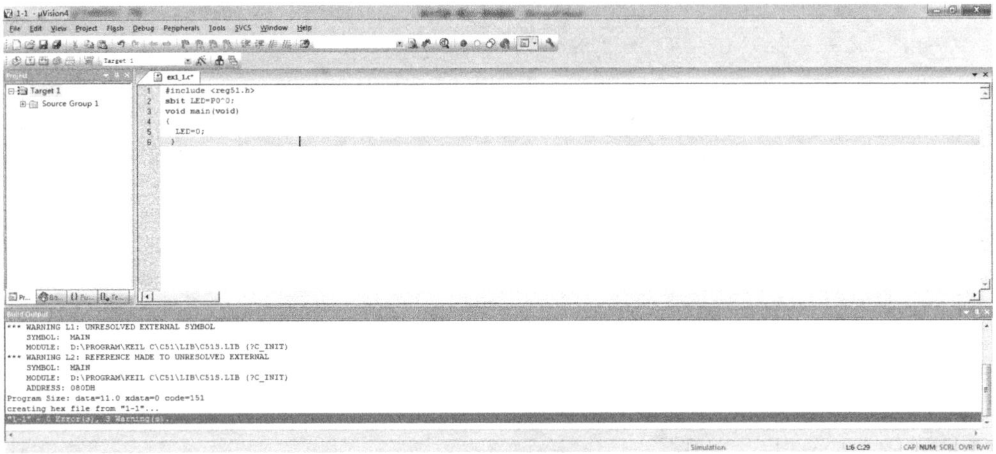

图 1-21 文本编辑窗口

图 1-22 源程序保存界面

小提示

在源文件名的后面必须加扩展名“.c”，如 ex1-1.c，用于区别其他源文件。例如，汇编语言源文件的扩展名为“.a”、头文件的扩展名为“.h”等。

(3) 在如图 1-23 所示的工程管理窗口中,右击 Source Group 1,在弹出的快捷菜单中选择 Add Files to Group 'Source Group 1' 命令,出现如图 1-24 所示窗口。在"文件类型"下拉列表框中选择 C Source file(* .c)命令,找到前面新建的 ex1-1.c 文件并选择后,单击 Add 按钮加入工程中。

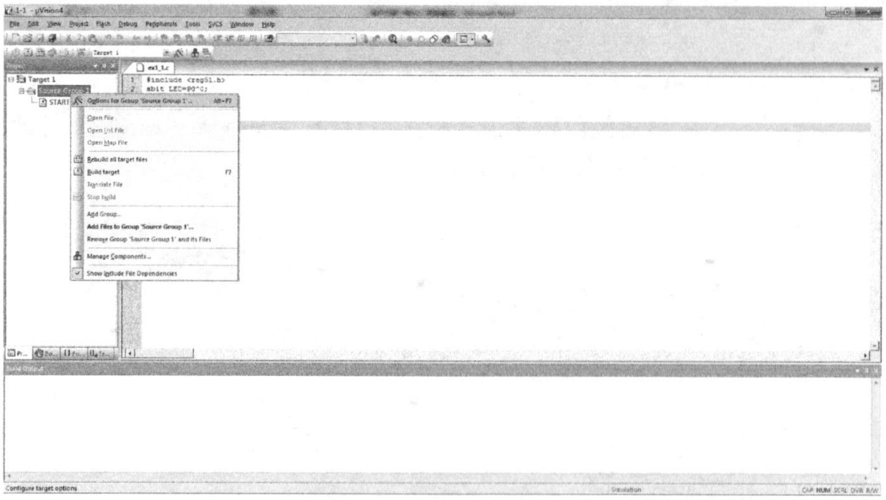

图 1-23　添加源文件到组中

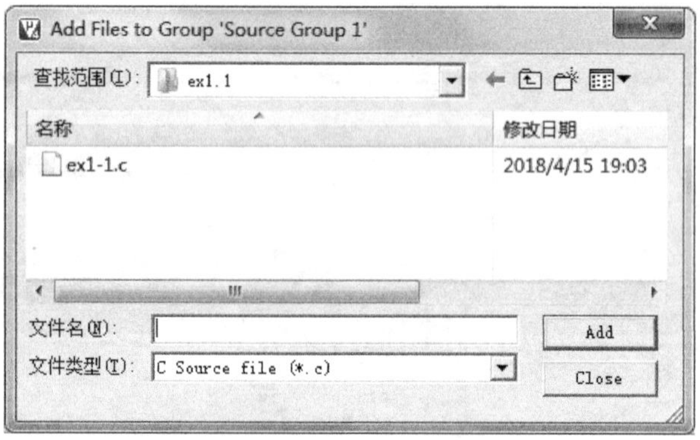

图 1-24　选择文件类型及添加源文件

小提示

已加载的 STARTUP. A51 文件,如图 1-23 所示。其主要作用是:上电时初始化单片机的硬件堆栈、初始化 RAM、初始化模拟堆栈和跳转到主函数,即 main( ) 函数。硬件堆栈是用来存放函数调用地址、变量和寄存器值的;模拟堆栈是用来存放可重入函数的。可重入函数就是同时给多个任务调用,而不必担心数据的丢失。可重入函数一般在嵌入式系统中有所体现。

如果不加载 STARTUP. A51 文件,编译的代码可能会使单片机工作异常。

小提示

通常单片机控制程序包含多个源程序文件,Keil C51 使用工程(Project)这一概念,将这些参数设置和所需的所有文件都加在一个工程中,包括为这个工程选择CPU,确定编译、汇编、连接的参数,指定调试的方式等。

(4)在工程管理窗口 Source Group 1 项中会出现名为 ex1_1.c 的文件,说明新文件的添加已完成,如图1-25所示。

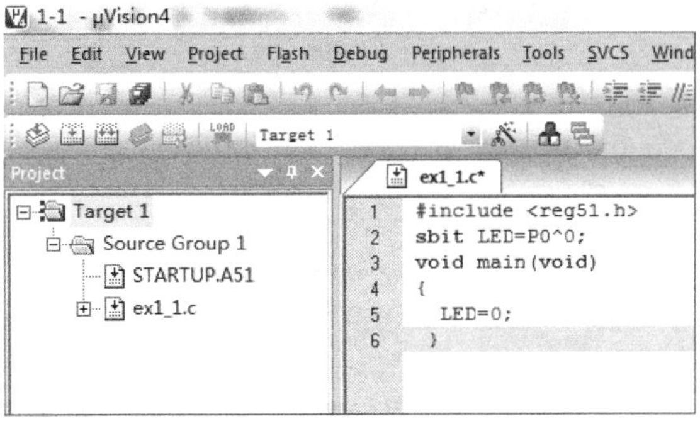

图1-25　添加文件

4. 配置工程属性

(1) 如图1-26所示,将光标移到工程管理窗口的 Target 1 上,右击,在弹出的快捷菜单中选择 Options for Target 1 ‘Target 1’命令,弹出如图1-27所示的目标属性窗口。

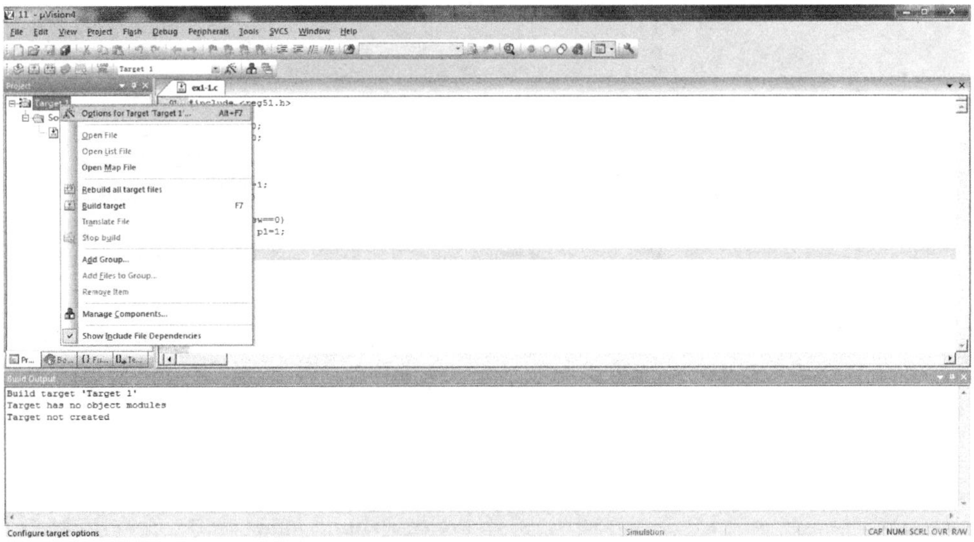

图1-26　配置工程属性

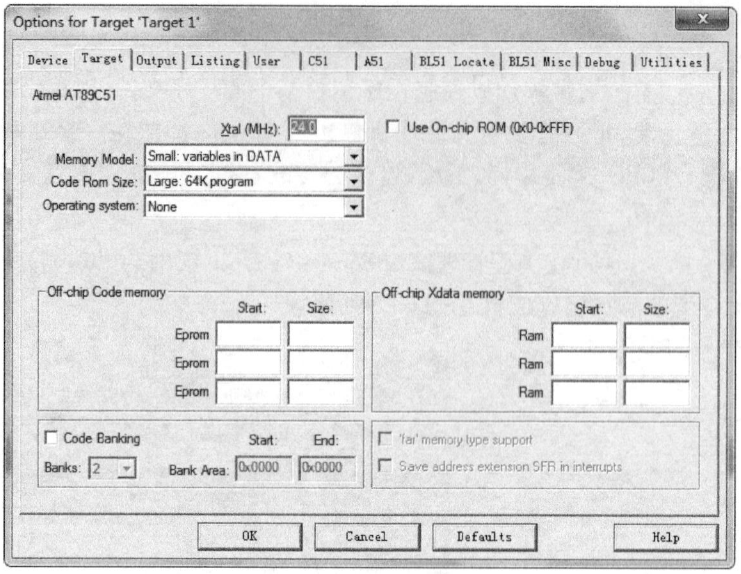

图 1-27　目标属性窗口

(2)在如图 1-27 所示窗口中单击 Output,Output 选项卡页面如图 1-28 所示,选中 Create HEX File 复选框,再单击 OK 按钮。

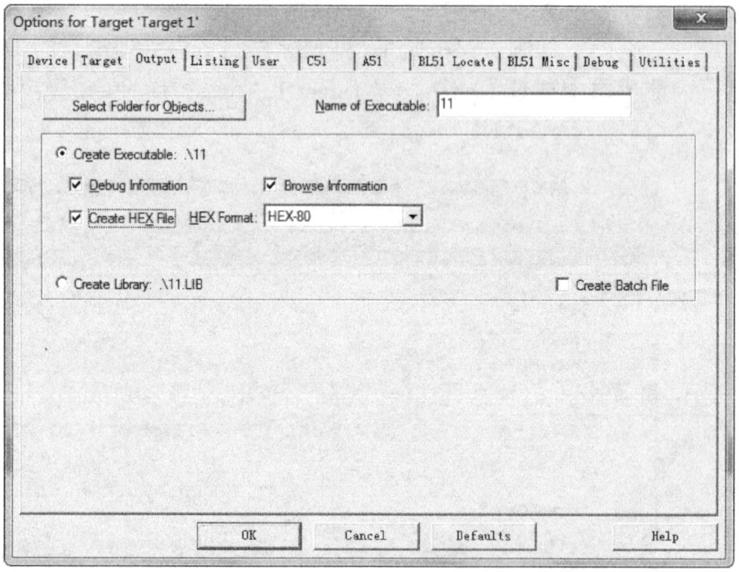

图 1-28　Output 选项卡页面

5. 编译工程

(1) 在主界面中,选择 Project→Build target 命令(或按快捷键【F7】),或单击工具栏中的快捷图标进行编译,如图 1-29 所示。

(2) 编译完成后,在输出窗口中查看出现的编译结果,如图 1-30 所示。

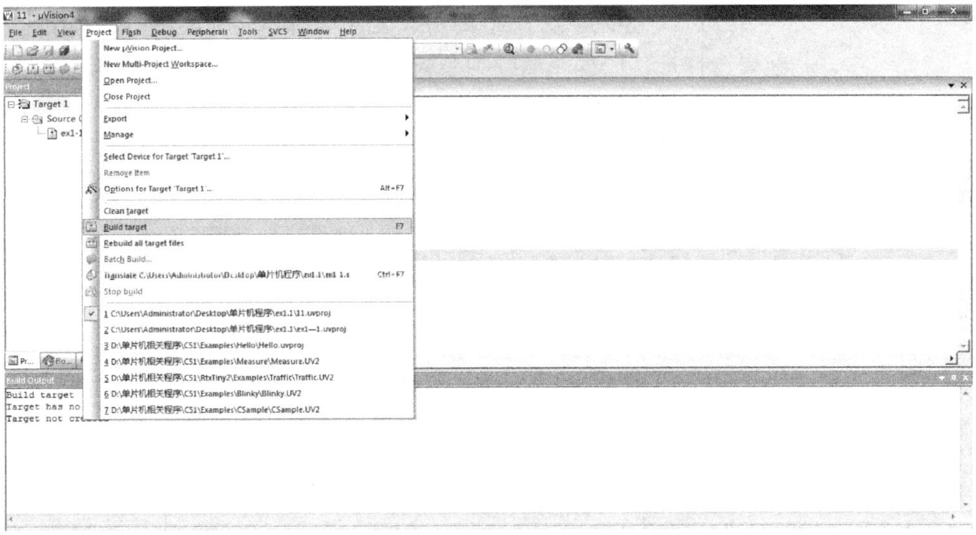

图1-29　编译菜单选择

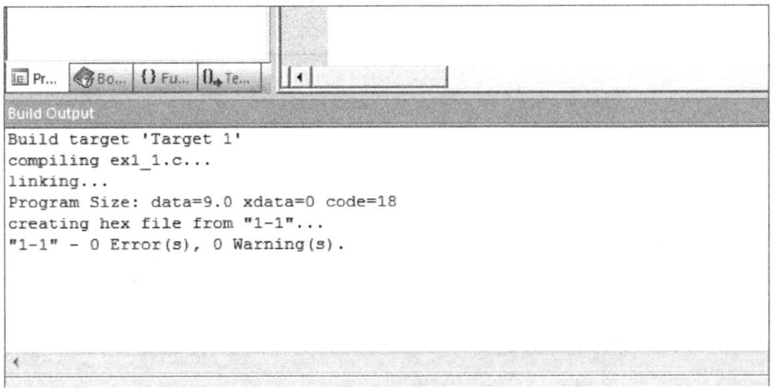

图1-30　编译结果

小提示

编译只是对当前工程进行编译，产生与之对应的二进制或十六进制文件，如果编译后又修改了源程序，一定要重新进行编译，产生新的二进制或十六进制文件。可以通过查看 hex 文件生成的时间，来了解系统产生的是否为最新的二进制或十六进制文件。

使用 Keil C51 的基本步骤如图1-31所示。

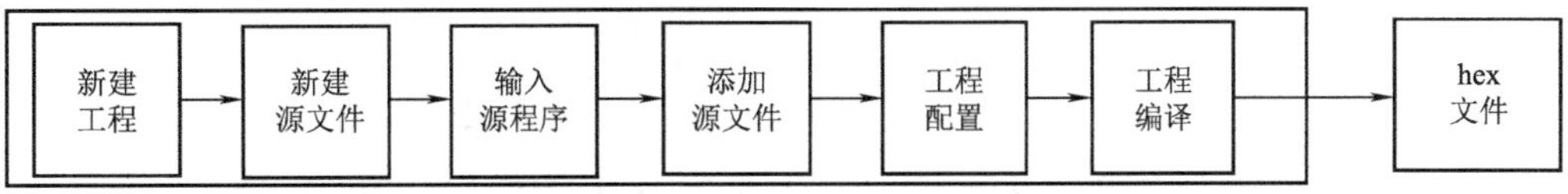

图1-31　使用 Keil C51 的基本步骤

经过以上步骤，分别得到仿真硬件电路和软件程序（可执行的 hex 目标文件）后，还要选择把软件程序加载到实验板的单片机中或仿真硬件电路的单片机中运行才能看到程序的执行结果。

三、仿真测试

在之前搭建好的仿真模型里面双击 AT89C51 元件，打开“编辑元件”对话框，如图 1－32所示。在对话框中的 Program File 栏中单击“打开文件夹”按钮，找到之前保存的工程文件“1－1. hex”，如图 1－33 所示。

扫一扫

点亮 LED 灯操作步骤及效果演示

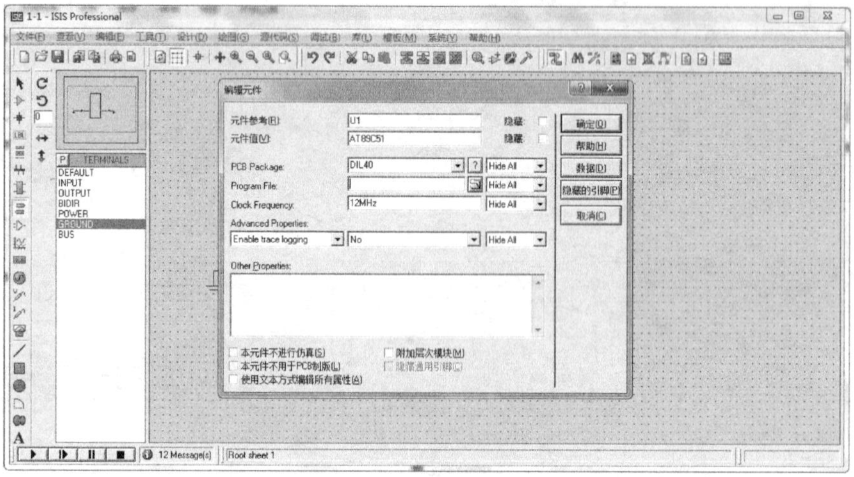

图 1－32　编辑元件

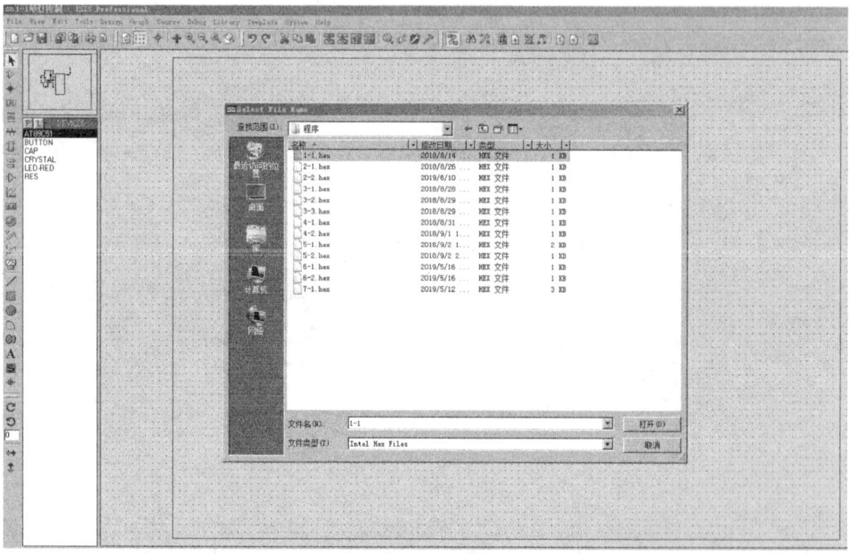

图 1－33　选择文件

打开选中的文件。加载完程序文件（hex 文件）后，单击左下角按钮，如图 1－34所示。由图可见，LED 被点亮。

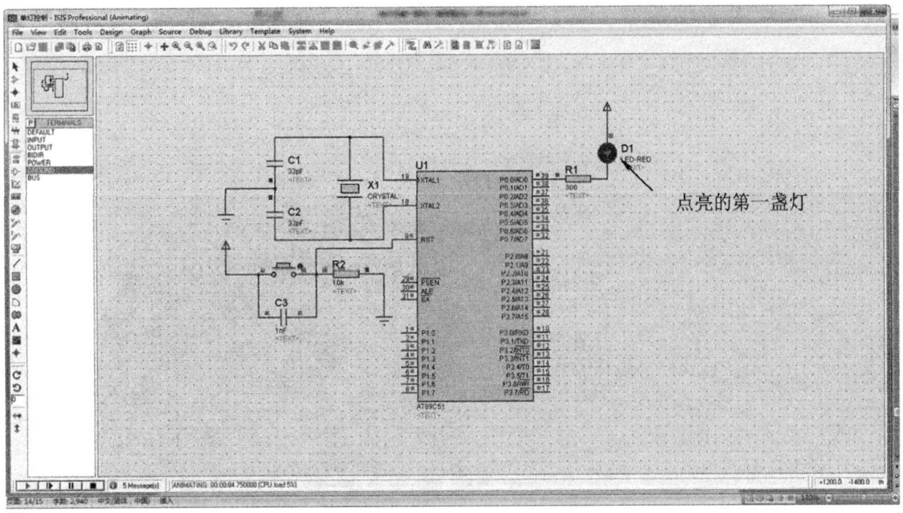

图 1－34 仿真测试效果图

四、单片机开发步骤及工具

单片机系统是由软件和硬件组成的，从事单片机开发和学习既涉及硬件制作，又涉及软件编程，其流程如图 1－35 所示。

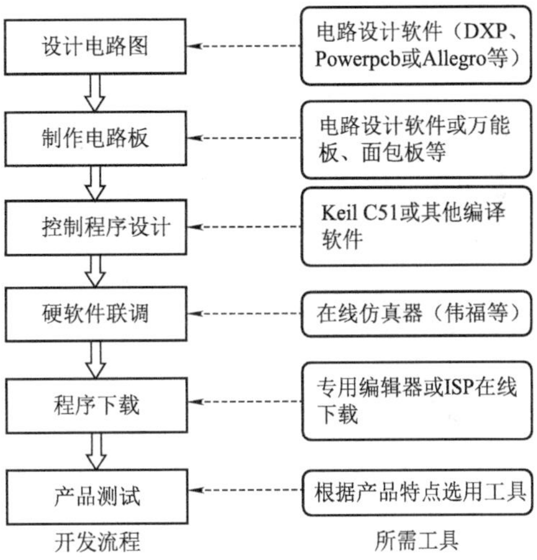

图 1－35 单片机开发步骤

刚开始学习单片机时，硬件电路可以选用单片机实验开发板或一些仿真软件。Proteus 软件是一种功能强大的仿真软件，其不仅有常见的虚拟元件，可以进行电路的设计；而且还有虚拟仪器，如示波器、电源、逻辑分析器等进行相应测量和观察。本书的案例将以这种方式进行，方便不同学校学生进行学习、实验。

利用实验板也可以很方便地学习电路设计以及电路调试的方法。实验板上单片机最简系统和外围器件已经焊接好了，只需根据单片机与外围器件的关系编写程序即可实现开发功能。单片机实验板实物图如图 1－36 所示。在实验板不能满足设计要求的情况下,可以采用外接电路,通过杜邦线连接。

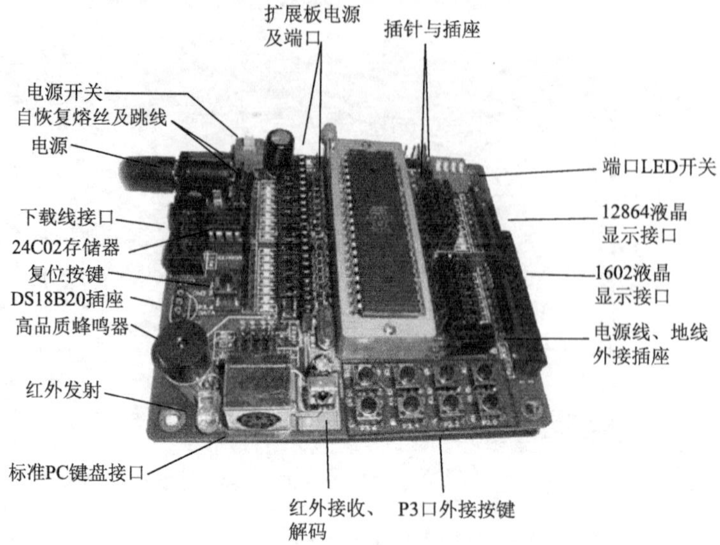

图 1-36 单片机实验板实物图

小 结

作为第一次接触单片机的初学者,最好的学习方法就是培养兴趣。培养兴趣最好的方法就是能自己成功做出一个个小产品。本项目通过一个简单的点灯任务入手,将本书需要用到的两种仿真软件的使用方法介绍给读者,让读者初步认识单片机的开发流程和方法,重点是熟练掌握单片机的开发方法和两种软件的使用方法。

练习与思考题

一、选择题

1. C 语言文件的扩展名是(　　)。

A. c　　B. asm　　C. doc　　D. ass

2. 程序是以(　　)形式存放在单片机中的。

A. C 语言源文件　　B. 汇编语言源文件　　C. 二进制文件　　D. 工程文件

二、判断题

1. Proteus 只能仿真 51 单片机。(　　)

2. Keil μVision4 软件只能编译 C 语言文件。(　　)

3. Keil μVision4 生成的执行文件是.c 文件。(　　)

4. C 语言源文件需要构建编译才能生成扩展名.hex 文件。(　　)

三、填空题

1. Proteus 是一个________开发环境。

2. 打开 Keil μVision4 后，首先应该建立一个________文件。

3. 单片机仿真系统由________和________组成。

四、上机操作题

1. 设计 51 单片机控制一个 LED 发光二极管的电路。

2. 运用 Keil μVision4 建立一个工程文件。

3. 通过电源 VCC、地 GND、一个电阻和一个发光二极管连接一个电路，并通过改变阻值观察发光二极管亮度变化。

五、分析题

1. Proteus 仿真环境中，与 VCC 终端相对应的 GND 终端在哪里能找到？

2. 单片机开发应用系统的一般过程是什么？

3. 单片机仿真系统由哪些软件组成？

4. 单片机仿真系统有几种运行方式？

项目 2 解剖单片机——学习单片机的硬件系统

任务 2-1 一鸣惊人——蜂鸣器报警控制

任务要求

扫一扫
蜂鸣器报警控制效果演示

通过 51 单片机控制蜂鸣器，电路图如图 2-1 所示，使之发声一段时间，再关闭蜂鸣器。利用 Proteus 仿真软件搭建电路，用 Keil C51 编写控制程序实现其功能。

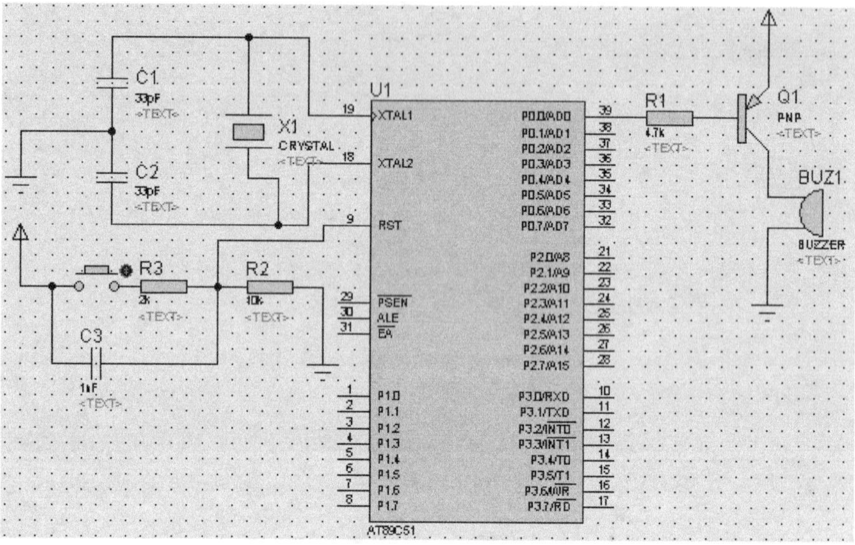

图 2-1 单片机控制蜂鸣器电路图

学习目标

(1)了解单片机的最小系统及存储结构。
(2)掌握 51 单片机的 I/O(输入/输出)口的使用。
(3)了解 C 语言的组成及函数的定义与调用。
(4)运用顺序结构完成任务。

知识储备

一、单片机的最小系统

单片机的最小系统是单片机正常运行的最基本的硬件单元，包括单片机芯片，保证单片机各部分同步工作的时钟电路及断电或发生故障后的复位电路,这是保障单片机能正常工作的最小系统单元,简称单片机的最小系统。

1. 时钟电路

单片机各部分工作必须按统一的节拍进行。在统一的节拍下,任何工作都按时间顺序进行。单片机内部有时钟电路,只需要在 XTAL 1 引脚和 XTAL 2 引脚间外接振荡电路。时钟振荡电路一般由晶体振荡器和电容等组成,如图 2-2 所示。

一般来说,电容大小取 30 pF,晶体振荡器即晶振的频率为 6 MHz 或 12 MHz。如果系统使用单片机串行口通信,则晶振的频率一般为 11.059 2 MHz。

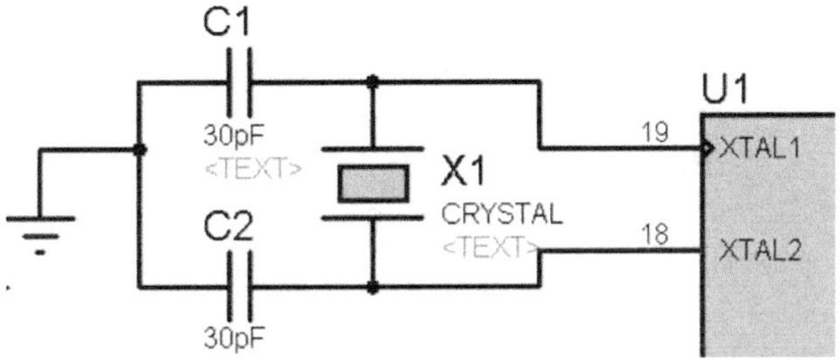

图 2-2 时钟振荡电路仿真图

单片机常用的几个周期有:时钟周期、机器周期、指令周期。

(1)时钟周期。时钟电路产生时钟信号的周期称为时钟周期又称振荡周期。单片机通电后就产生了固定标称值的脉冲信号,单片机就是在脉冲信号的驱动下顺序地从 ROM(只读存储器)中取出指令并一条一条地顺序执行,然后进行一系列的微操作控制,来完成各种指定的动作。

(2)机器周期。单片机每访问一次存储器的时间称为一个机器周期。它是一个时间基准,就像日常生活中使用的秒一样。单片机中一个机器周期包括 12 个振荡周期。振荡周期就是振荡源的周期,也就是使用的晶振的时钟周期。一个 12 MHz 的晶振,它的时钟周期是(1/12)μs,那么使用 12 MHz 晶振的单片机它的一个机器周期就应该等于 12 × (1/12) μs,也就是 1 μs。

(3)指令周期。单片机中有些指令只要一个机器周期而有些指令则需要两个或三个机器周期。另外,还有两条指令需要四个机器周期。如何衡量指令执行时间的长短,就要用到一个新的概念,即指令周期,即执行一条指令所需的机器周期。

2. 复位电路

单片机的复位电路就是用来使单片机恢复到起始状态的电路,就像计算器的清零按钮的作用一样,以便回到原始状态,重新进行计算。单片机的复位条件是:如果 RST 引脚(第 9 引脚)上有一个高电平并维持 2 个机器周期(24 个振荡周期)以上,则 CPU 就自动响应并将系统复位。单片机系统的复位方式有:上电复位和按键复位,如图 2-3所示。

和计算器清零按钮有所不同的是,复位电路启动的手段有所不同。一是在给电路通电时立即进行复位操作,如图 2-3(a)所示。它是利用电容充电来实现复位的,在通电瞬间,RST 端的电位与电源电压相同,随着充电电流的减少,RST 端的电位逐步下降。只要保证 RST 端为高电平的时间大于两个机器周期,便能正常复位。二是在必要时可以手动操作,即按图 2-3(b)所示的按键实现复位。此时电源电压 V_{CC} 经两个电阻分压,在 RST 端产生一个复位高电平。复位电路用于将单片机内部的各电路的状态恢复到初始值。

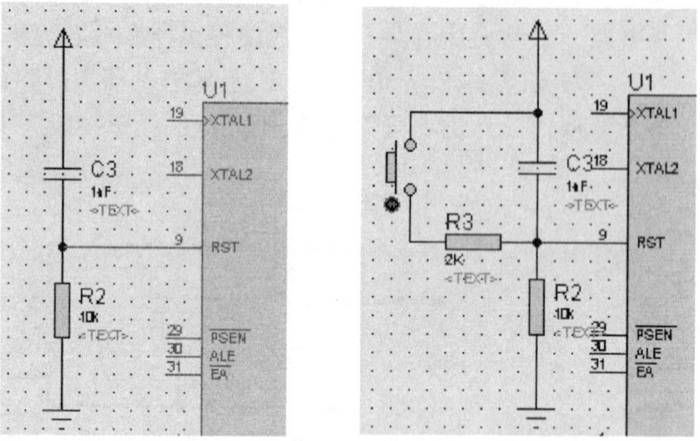

(a) 上电复位电路　　　(b) 按键复位电路

图 2-3　单片机常见复位电路图

二、51 单片机的内部结构

8051 芯片内部由中央处理器、内部数据存储器、内部程序存储器、并行 I/O 口、串行口、定时/计数器、中断系统、时钟系统等组成。详细功能见表 2-1。

表 2-1　单片机的内部机构与功能

部件名称	功　能
中央处理器(central processing unit,CPU)	中央处理器是单片机的控制核心,由运算器和控制器组成。运算器的主要功能是对数据进行各种运算,包括加、减、乘、除等基本算术运算,以及与、或、非逻辑运算和数据的比较、移位等操作。控制器相当于人的大脑,它控制和协调整个单片机的动作
内部数据存储器(random access memory,RAM)	8051 单片机内部共有 256 个 RAM 单元,可读可写,掉电后数据丢失。其中高 128 个单元格被专用的寄存器占用;低 128 个单元格供用户使用,用于暂存中间数据。通常所说的内部数据存储器就是指低 128 个单元格
内部程序存储器(read-only memory,ROM)	8051 单片机内部共有 4 KB 掩模 ROM,只能读不能写,掉电后数据不会丢失,用于存放程序或程序运行过程中不会改变的原始数据,通常称为程序寄存器
并行 I/O 口(parallel input/output port)	8051 单片机内部有四个 8 位并行的 I/O 口(简称 P0、P1、P2 和 P3),可以实现数据的并行输入/输出
串行口(serial port)	8051 单片机内部有一个全双工的异步串行口,可以实现单片机与其他设备之间的串行数据通信。该串行口既可以作为全双工异步通信收发器使用,也可以作为同步移位器使用,扩展外部 I/O 口

续表

部件名称	功　能
定时/计数器(timer/counter)	8051单片机内部有两个16位的定时/计数器,可实现定时或者计数功能
中断系统(interrupt system)	8051单片机内部共有5个中断源,分为高级和低级两个优先级别
时钟系统(clock system)	8051单片机内部有时钟电路,只需外接石英晶振和微调电容即可。晶振频率通常选择6 MHz、12 MHz或11.059 2 MHz

1. 片内数据存储器

8051内部的RAM共有256个单元格,通常把这256个单元格按其功能划分为两部分:低128个单元格(单元格地址为0x00~0x7F)和高128个单元格(单元格地址为0x80~0xFF)。

1)内部数据存储器低128个单元格(DATA区)

片内RAM的低128个单元格用于存放程序执行过程中的各种变量和临时数据,称为DATA区。表2-2给出了单元格的配置情况。

如表2-2所示,片内RAM低128个单元格是单片机的真正RAM寄存器,按其用途划分为工作寄存器区、位寻址区和用户数据缓冲区三个区域。

表2-2　单元格的配置情况

序列	区域	地址	说明
1	工作寄存器区	0x00~0x07	第0组工作寄存器(R0~R7)
		0x08~0x0F	第1组工作寄存器(R0~R7)
		0x10~0x17	第2组工作寄存器(R0~R7)
		0x18~0x1F	第3组工作寄存器(R0~R7)
2	位寻址区	0x20~0x2F	位寻址区,位地址为0x00~0x7F
3	用户数据缓冲区	0x30~0x7F	供用户使用的一般RAM区

(1)工作寄存器区。8051共有四组工作寄存器区,每组包括8个(以R0~R7为编号)共计32个寄存器,用来存放操作数及中间结果等,称为通用寄存器或工作寄存器。四组通用寄存器占据内部RAM的0x00~0x1F单元地址。

在任一时刻,CPU只能使用其中一组寄存器,并且把正在使用的那组寄存器称为当前工作寄存器组。当前工作寄存器组到底是哪一组,由程序状态字寄存器中RS1和RS0位的状态组合来决定。

(2)内部RAM的0x20~0x2F单元,既可作为一般RAM单元使用,进行字节操作,也可以对单元中每一位进行位操作,因此把该区域称为位寻址区(BDATA区)。位寻址区共有16个RAM单元,共计128位,相应的位地址为0x00~0x7F。表2-3所示为片内RAM位寻址区的位地址,其中MSB表示高位,LSB表示低位。

表2-3　片内RAM位寻址区的位地址

单元地址	MSB		位地址			LSB		
2F	7F	7E	7D	7C	7B	7A	79	78

续表

单元地址	MSB		位地址			LSB		
2E	77	76	75	74	73	72	71	70
2D	6F	6E	6D	6C	6B	6A	69	68
2C	67	66	65	64	63	62	61	60
2B	5F	5E	5D	5C	5B	5A	59	58
2A	57	56	55	54	53	52	51	50
29	4F	4E	4D	4C	4B	4A	49	48
28	47	46	45	44	43	42	41	40
27	3F	3E	3D	3C	3B	3A	39	38
26	37	36	35	34	33	32	31	30
25	2F	2E	2D	2C	2B	2A	29	28
24	27	26	25	24	23	22	21	20
23	1F	1E	1D	1C	1B	1A	19	18
22	17	16	15	14	13	12	11	10
21	0F	0E	0D	0C	0B	0A	09	08
20	07	06	05	04	03	02	01	00

注:表中数据均代表十六进制数。

(3)用户数据缓冲区。在内部 RAM 低 128 个单元格中,除了工作寄存器区(占 32 个单元格)和位寻址区(占 16 个单元格)外,还剩下 80 个单元格,单元格地址为 0x30 ~ 0x7F,是供用户使用的一般 RAM 区。对用户数据缓冲区的使用没有任何规定或限制,但在一般应用中常把堆栈开辟在此区域中。

2)内部数据存储器高 128 个单元格

内部 RAM 的高 128 个单元格地址为 0x80 ~ 0xFF,是供给专用寄存器 SFR(special function register,又称特殊功能寄存器)使用的。表 2 – 4 给出了 51 单片机专用寄存器地址。

如表 2 – 4 所示,有 21 个可寻址的专用寄存器,它们不连续地分布在片内 RAM 的高 128 个单元格中,尽管其中还有许多空闲地址,但用户不能使用。另外,还有一个不可寻址的专用寄存器,即程序计数器 PC,它不占据 RAM 单元,在物理上是独立的。

表 2 – 4　51 单片机专用寄存器地址

SFR	MSB		位地址/位定义			LSB			字节地址
B	F7	F6	F5	F4	F3	F2	F1	F0	F0
ACC	E7	E6	E5	E4	E3	2E	E1	E0	E0
PSW	D7	D6	D5	D4	D3	D2	D1	D0	D0
	CY	AC	F0	RS1	RS0	OV	F1	P	

续表

SFR	MSB		位地址/位定义			LSB			字节地址
IP	BF	BE	BD	BC	BB	BA	B9	B8	B8
	/	/	/	PS	PT1	PX1	PT0	PX0	
P3	B7	B6	B5	B4	B3	B2	B1	B0	B0
	P3.7	P3.6	P3.5	P3.4	P3.3	P3.2	P3.1	P3.0	
IE	AF	AE	AD	AC	AB	AA	A9	A8	B0
	EA	/	/	ES	ET1	EX1	ET0	EX0	
P2	A7	A6	A5	A4	A3	A2	AA	A0	A0
	P2.7	P2.6	P2.5	P2.4	P2.3	P2.2	P2.1	2.0	
SBUF									(99)
SCON	9F	9E	9D	9C	9B	9A	99	98	98
	SM0	SM1	SM2	REN	TB8	RB8	TI	RI	
P1	97	96	95	94	93	92	91	90	90
	P1.7	P1.6	P1.5	P1.4	P1.3	P1.2	P1.1	P1.0	
TH1									(8D)
TH0									(8B)
TL0									(8A)
TMOD	GAT	C/T	M1	M0	GAT	C/T	M1	M0	(89)
TOCN	8F	8E	8D	8C	8B	8A	89	88	88
	IT0	TF1	TR1	TF0	TR0	IE1	IT1	IE0	
PCON	SM0	/	/	/	/	/	/	/	(87)
DPH									(83)
DPL									(82)
SP									(81)
P0	87	86	85	84	83	82	81	80	80
	P0.7	P0.6	P0.5	P0.4	P0.3	P0.2	P0.1	P0.0	

注:表中数据均代表十六进制数。

在 21 个可寻址的专用寄存器中,有 11 个寄存器不仅能以字节寻址,也能以位寻址。表 2-4 中,凡十六进制字节地址末位为 0 或 8 的寄存器都是可以进行位寻址的寄存器。全部专用寄存器可寻址的位共 83 位,这些位都有专门的定义和用途。

下面对几个常用的专用寄存器功能进行简单说明。

(1)程序计数器 PC。程序计数器(program counter,PC)是一个 16 位计数器,其内容为下一条将要执行指令的地址,寻址范围为 64 KB。PC 有自动加 1 功能,从而控制程序的执行顺序。PC 没有物理地址,是不可寻址的,因此用户无法对它进行读写。但可以通过转移、调用、返回等指令改变其内容,以实现程序的转移。

小提示

在单片机的C语言程序设计中,可以通过关键字sfr来定义所有专用寄存器,从而在程序中直接访问它们,例如:

sfr P1 =0x90; //专用寄存器P1的地址是0x90,对应P1口的8个I/O引脚

在程序中就可以直接使用P1这个专用寄存器,下面语句是合法的:

P1 =0x00;   //将P1口的8位I/O口全部清零

在C语言中,还可以通过关键字sbit来定义专用寄存器中的可寻址位。在程序ex1 -1.c中,采用了下面语句定义P1口的第0位:

sbit P1_0 = P1^0;

在通常情况下,这些专用寄存器已经在头文件reg51.h中定义了,只要在程序中包含了该头文件,就可以直接使用已定义的专用寄存器。

如果没有头文件reg51.h,或者该文件中只定义了部分专用寄存器和位,用户也可以在程序中自行定义。

(2)程序状态字PSW。程序状态字(program status word,PSW)是一个8位寄存器,用于存放程序运行中的各种状态信息。PSW的各位定义见表2 -5。

表2 -5　PSW的各位定义

位地址	D7H	D6H	D5H	D4H	D3H	D2H	D1H	D0H
位名称	CY	AC	F0	RS1	RS0	OV	F1	P

①CY(PSW.7):进位标志位。存放算术运算的进位或借位标志。

②AC(PSW.6):辅助进位标志位。存放算术运算中低4位向高4位进位或借位标志。

③F0(PSW.5):用户标志位。供用户定义的标志位,需要利用软件方法置位或复位。

④RS1和RS0(PSW.4,PSW.3):工作寄存器组选择位。上电或复位后,RS1RS0 =00。

⑤OV(PSW.2):溢出标志位。存放带符号数加减运算的溢出位。

⑥F1(PSW.1):保留未使用。

⑦P (PSW.0):奇偶标志位。存放累加器ACC数据的二进制形式中1的个数的奇偶性。一般用于异步串行通信中的奇偶校验。

小提示

以上简单介绍了两个专用寄存器,其余的专用寄存器(如TCON、TMOD、IE、IP、PCON、SBUF等)将在以后的项目中陆续介绍。

2.片外数据存储器

8051单片机最多可扩充片外数据存储器(片外RAM)64 KB,称为XDATA区。在XDATA空间内进行分页寻址操作时,称为PDATA区。

小提示

片外数据存储器可以根据需要进行扩展。当需要扩展存储器时，低 8 位地址 A7～A0 和 8 位数据 D7～D0 由 P0 口分时传送，高 8 位地址 A15～A8 由 P2 口传送。因此，只有在没有扩展片外存储器的系统中，P0 口和 P2 口的每一位才可作为双向 I/O 口使用。

3. 程序存储器

51 单片机的程序存储器用来存放编好的程序和程序执行过程中不会改变的原始数据。程序存储器结构图如图 2-4 所示。

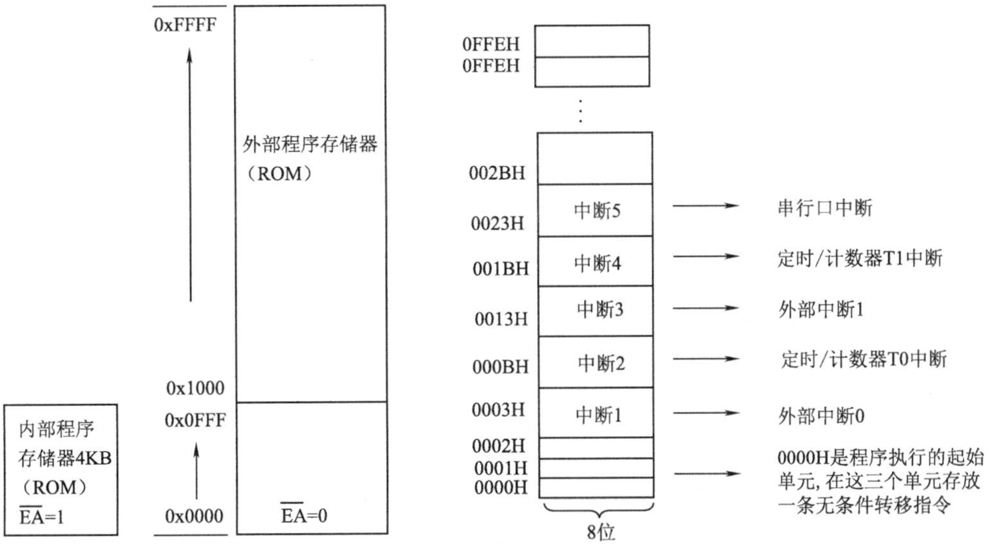

图 2-4　程序存储器结构图

8031 片内无程序存储器，8051 片内有 4 KB 的 ROM，8751 片内有 4 KB 的 EPROM，89C51 片内有 4 KB 的 EEPROM。

51 单片机片外最多能扩展 64 KB 程序存储器，片内外的 ROM 是统一编址的。如 EA 保持高电平，8051 的程序计数器 PC 在 0x0000～0x0FFF 地址范围内（即前 4 KB 地址）则执行片内 ROM 中的程序；如 PC 在 0x1000～0xFFFF 地址范围内时，则自动执行片外程序存储器的程序；如 EA 保持低电平，则只能寻址外部程序存储器，片外存储器可以从 0x0000 开始编址。

程序存储器中有一组特殊单元是 0x0000～0x0002。系统复位后，PC＝0x0000，表示单片机从 0x0000 单元开始执行程序。

还有一组特殊单元是 0x0003～0x002A，共 40 个单元，如图 2-4 所示。这 40 个单元被均匀地分为五部分，作为以下五个中断源的中断程序入口地址区。

0X0003～0X000A：外部中断 0 中断地址区；

0X000B～0X0012：定时/计数器 T0 中断地址区；

0X0013～0X001A：外部中断1中断地址区；

0X001B～0X0022：定时/计数器T1中断地址区；

0X023B～0X002A：串行通信中断地址区。

小提示

在单片机C语言程序设计中，用户无须考虑程序的存放地址，编译程序会在编译过程中按照上述规定，自动安排程序的存放地址。例如：C语言是从main()函数开始执行的，编译软件会在程序存储器的0x0000处自动存放一条转移指令，跳转到main()函数存放的地址；中断函数也会按照中断类型号，自动由编译程序安排存放在程序存储器相应的地址中。因此，读者只需了解程序存储器的结构即可。

单片机存储器结构包括四个物理存储空间，C51编译器对这四个物理存储空间都能支持。常见的C51编译器支持的存储器类型如表2－6所示。

表2－6　常见的C51编译器支持的存储器类型

存储器类型	描　　述
data	直接访问内部数据存储器，允许最快访问(128 B)
bdata	可位寻址内部数据存储器，允许位与字节混合访问(16 B)
idata	间接访问内部数据存储器，允许访问整个内部地址空间(256 B)
pdata	“分页”外部数据存储器(256 B)
xdata	外部数据存储器(64 KB)
code	程序存储器(64 KB)

三、初识C语言

要让单片机听我们的话，就必须用它“听得懂”的语言指挥它，即用编程语言。能够用于“指挥”单片机的语言有几种，其中C语言以简单、高效、易懂而成为单片机编程的主流语言。下面具体介绍C语言。

1. 第一个C程序

通过项目1的任务，初步接触到了C语言。下面一起来认识一下项目1任务中的LED灯控制系统的C语言程序“ex1－1.c”(第一列为序号)。

```
1    #include <reg51.h>
2    sbit LED = P0^0;
3    void main(void)
4    {
5        LED = 0;
6    }
```

在ex1－1.c源程序中，第1行是程序预处理之一：文件包含语句，表示把语句中指定文件的全部内容复制到此处，与当前的源程序文件链接成一个源文件。

“#include <reg51. h>”语句中指定包含的文件 reg51. h，是 Keil C51 编译器提供的头文件，保存在文件夹“keil\c51\inc”下。该文件包含了对 51 单片机专用寄存器 SFR 和部分位名称的定义。

在 reg51. h 文件中定义了下面语句：

```
sfr P0 =0x80;
```

该语句定义了符号 P0 与 51 单片机内部 P0 口的地址 0x80H 对应。ex1－1. c 源程序中包含头文件 reg51. h 的目的，是为了通知 C51 编译器，程序中所用的符号 P0 是指 51 单片机的 P0 口。

在 ex1－1. c 源程序中，第 2 行是程序预处理之一：定义用位名称 LED，对应 P0 口的第 0 位。

如果需要使用 reg51. h 文件中没有定义的 SFR 或位名称，可以自行在该文件中添加定义，也可以在源程序中定义。如本程序的位名称 LED，在 reg51. h 文件中没有定义，可以自行定义。用关键字 sfr 来定义这些专用寄存器名称和关键字 sbit 位名称，如 ex1－1. c 源程序中第 2 行。

在 ex1－1. c 源程序中，第 3～6 行是定义主函数 main( )。每一个程序有且只有一个主函数，主函数的名称“main”是规定的，不可任意改名，程序执行都是从主函数开始的。

其中第 5 行是函数体，也就是这个函数要求单片机去做什么事。这里函数体“LED =0”的含义是把“0”赋值给 LED(P0. 0)，即将 P0. 0 的电平状态变成低电平(“0”对应低电平，“1”对应高电平)，使 LED 发光。

小提示

在 C 语言中，函数遵循“先定义、后调用”的原则。如果源程序中包括很多函数，通常在主函数的前面集中声明这些函数，然后在主函数后面一一进行定义。这样编写的 C 语言源代码可读性好、条理清晰、易于理解。

(1)本例中函数体只有一条语句，大部分情况有多条语句，每条以分号“;”结束，按执行先后顺序置于花括号“{}”内，共同构成函数体。

(2)“LED =0”是赋值语句，是把等号右边的“0”赋值给左边“LED”。

(3)LED 的“亮”“灭”与端口输出“0”“1”无绝对对应关系，具体可参见 LED 的特性。本例中，P0. 0 输出低电平“0”时，LED 正向导通，故 LED 亮。

2. C 语言的基本结构

通过对 ex1－1. c 源程序的分析，可以对 C 语言程序有初步认识。下面系统介绍 C 语言的特点和规则。

C 语言程序是由函数为基本结构组成的。函数与其他语言中所描述的“子程序”或“过程”的概念是一样的。C 语言程序的结构如图 2－5 所示。

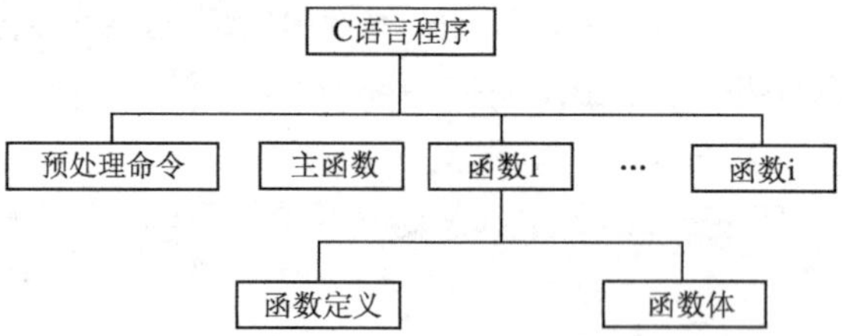

图 2-5 C 语言程序的结构

C 语言程序中可以有预处理命令，例如 ex1-1. c 中的“#include < reg51. h >”等预处理命令，放在源程序的最前面。

一个 C 语言源程序是由一个或若干个函数组成的，每一个函数完成相对独立的功能。每个 C 语言程序都必须有(且仅有)一个主函数 main( )。程序的执行总是从主函数开始的，调用其他函数后返回主函数 main( )。不管函数的排列顺序如何，最后在主函数中结束整个程序。

一个函数由两部分组成：函数定义和函数体。函数定义部分包括函数类型、函数名、函数属性、函数参数(形式参数)名、参数类型等。对于 ex1-1. c 源程序中，void main(void)，main 是函数名，函数名前面的 void 说明函数的类型(空类型，表示没有返回值)，函数名后面必须跟一对圆括号，圆括号里面是函数的形式参数定义，这里 main( )函数没有形式参数，故用 void 进行明确，也可省略。

main( )函数后面一对花括号内的部分称为函数体。函数体由定义数据类型的说明部分和实现函数功能的执行部分组成。

函数功能的执行部分由函数语句组成。C 语言程序使用“;”作为语句的结束符，一条语句可以多行书写，也可以一行书写多条语句。

C 语言区分大小写，例如 ex1-1. c 源程序第 2 行定义位名称为大写 LED，第 5 行在使用该位时就必须用大写 LED。

小提示

在 C 语言中，函数的类型是指函数返回值的类型。如果函数的类型是 int 型，可以不写 int，int 为默认的函数返回值类型；如果函数没有返回值，应该将函数类型定义为 void 型(空类型)。

3. C 语言的特点

C51 编译器提供了一种针对 51 单片机用 C 语言编程的方法，可将 C 语言源程序编译生成可执行文件(hex 文件)。

C 语言是一种通用编程语言，符合 C 语言的 ANSI 标准，代码效率高，可结构化编程。在代码效率和速度上，完全可以和汇编语言相比拟，应用范围广。

利用 C 语言编程，具有很强的可移植性和可读性，同时，它只要求程序员对单片机存储结构有初步了解，而对处理器的指令集不要求了解。其特点如下：

1)结构化语言

C 语言由函数构成。函数包括标准函数和自定义函数，每个函数就是一个功能相对独立的模块。

C 语言还提供了多种结构化的控制语句,如顺序、条件、循环结构语句,满足程序设计结构化的要求。

2)丰富的数据类型

C 语言具有丰富的数据类型,便于实现各类复杂的数据结构。它还有与地址密切相关的指针及其运算符,可直接访问内存地址,进行位(bit)一级的操作,能实现汇编语言的大部分功能,因此 C 语言被称为"高级语言中的低级语言"。

用 C 语言开发 51 单片机应用程序,只要求开发者对单片机的存储器结构有初步了解,而不必十分熟悉处理器的指令集和运算过程。寄存器分配、不同存储器寻址及数据类型等细节问题则由编译器管理,这不但减轻了开发者的负担,提高了编程效率,而且程序具有更好的可读性和可移植性。

3)便于维护管理

用 C 语言开发 51 单片机应用程序,便于模块化程序设计。可采用开发小组来规划和完成项目,分工合作,灵活管理,杜绝了因开发人员变化所造成的对项目进度、后期维护及升级的影响,从而保证了整个系统的品质、可靠性及可升级性。

与其他汇编语言相比,C 语言的优点如下:

(1)不要求编程者详细了解单片机的指令系统,但需要了解单片机的存储器结构。

(2)寄存器分配、不同存储器的寻址及数据类型等细节可由编译器管理。

(3)程序结构清晰,可读性强。

(4)编译器提供了很多标准函数,具有较强的数据处理能力。

任务实施

一、硬件电路分析与设计

本任务是利用单片机实现蜂鸣器控制,发声时间约 2 s,蜂鸣器可选择有源蜂鸣器。考虑单片机的输出功率有限,利用 8550 三极管构建一级放大电路以驱动蜂鸣器;单片机 I/O 口选择 P0.0 口。硬件电路设计如图 2-1 所示。

蜂鸣器是一种一体化结构的电子讯响器,采用直流电压供电,广泛应用于计算机、打印机、复印机、报警器、电子玩具、汽车电子设备、电话机、定时器等电子产品中作为发声器件。蜂鸣器主要分为压电式蜂鸣器和电磁式蜂鸣器两种类型。原理是通过电流产生磁场,驱动振动膜来发声。在结构上可分为有源蜂鸣器和无源蜂鸣器,两种蜂鸣器外观无明显差别。这里的"源"不是指电源,而是振荡源。也就是说,有源蜂鸣器内部带振荡源,所以只要一通电就会发声;而无源蜂鸣器内部不带振荡源,所以如果用直流信号,无法令其发声。必须用 2～5 kHz的方波去驱动它。图 2-6 是蜂鸣器的实物图。

图 2-6 蜂鸣器的实物图

由于单片机 I/O 口引脚输出电流较小,而蜂鸣器需要较大电流来驱动。一般来说,单片机 I/O 口本身驱动不了蜂鸣器,因此需要加放大电路。可以通过控制三极管放大输出电流，三极管的基极经限流电阻接单片机的 P0.0 口，蜂鸣器的正极接三极管的集电极，蜂鸣器的负极接 GND(地)。

当 P0.0 口出现高电平时，三极管导通，蜂鸣器形成导通回路，发声；当 P0.0 口出现低电平时，三极管截止，蜂鸣器不发声。

小提示

有源蜂鸣器与无源蜂鸣器的三种常用判别方法：

(1)观察法：两者的高度略有区别，有源蜂鸣器高度为 9 mm，而无源蜂鸣器的高度为 8 mm。如将两种蜂鸣器的引脚都朝上放置时，可以看出有绿色电路板的一种是无源蜂鸣器，没有绿色电路板而用黑胶封闭的一种是有源蜂鸣器。

(2)万用表判别法：可以用万用表电阻挡 R ×1 挡测试。用黑表笔接蜂鸣器“ - ”引脚，红表笔在另一引脚上来回碰触，如果触发出“咔咔”声且电阻只有 8 Ω(或 16 Ω)的是无源蜂鸣器。

(3)实验法：有源蜂鸣器直接接上额定电源(新的蜂鸣器在标签上都有注明)就可连续发声；而无源蜂鸣器则和电磁扬声器一样，需要接在音频输出电路中才能发声。

二、源程序设计

根据任务要求，函数控制单片机让蜂鸣器通电，延时一段时间再断电即可。具体程序思路如图 2-7 所示。

具体程序如下：

```
//程序 ex2-1.c
//蜂鸣器发声
#include <reg51.h>              //包含头文件 reg51.h,定
                                //义 51 单片机的专用寄存器
sbit beep = P0^0;               //声明单片机 P0 口的第一位
void delay(unsigned int i)      //定义延时函数
{
    unsigned int k;
    for(k = 0;k < i;k ++);
}
 void main()                    //主函数
{                               //主函数开始
    beep = 0;                   //蜂鸣器发声
    delay(5000);                //延时
    beep = 1;                   //蜂鸣器不发声
    while(1);                   //以死循环、空操作结束控制程序
 }
```

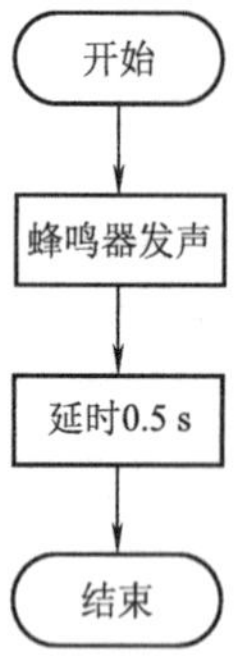

图 2-7　主流程图

程序说明：程序开始前的“//”是单行注释符号，通常用该符号开始直到一行结束的内容来说明对应语句的含义，或者对重要代码行、段落进行提示，以方便程序的编写、调试和修改维护，提高程序可读性。程序编译时，不对这些注释内容做任何处理。

第 3 行“void delay(unsigned int i)”定义延时函数，函数名 delay，函数参数名 i 为无符号整型(后续会详细介绍数据类型的内容)。delay 函数功能是通过循环函数“for”(第 3 ~7 行)控制实现 i 次空操作，以达到延时目的。第 11 行“delay(5000)”是调用延时函数 delay，通过实参“5000”的传递，以达到实现 5 000 次空操作的目的。第 13 行 “while(条件)”是另一种循环语句，括号里为判断条件，判断条件成立，结果为“1” (本程序该处直接写 1)，则执行一次循环体，否则为“0”，结束循环。该处循环体为空操作，表达式为“;”。

小提示

C 语言的另一种注释符号是“/ * * /”，在程序中可用于对程序进行多行注释。注释内容从“/ * ”开始，到“ * /”结束。注释内容可以是多行。

三、仿真结果

将 Keil C51 软件编译生成的 hex 文件加载到单片机芯片中。单击“运行”按钮，启动系统仿真，仿真结果如图 2-8 所示。观察到 P0.0 口输出电平状态，首先是低电平(软件仿真时用“蓝色”表示)，0.5 s 后变成高电平(软件仿真时用“红色”表示)，然后保持不变，符合设计要求。

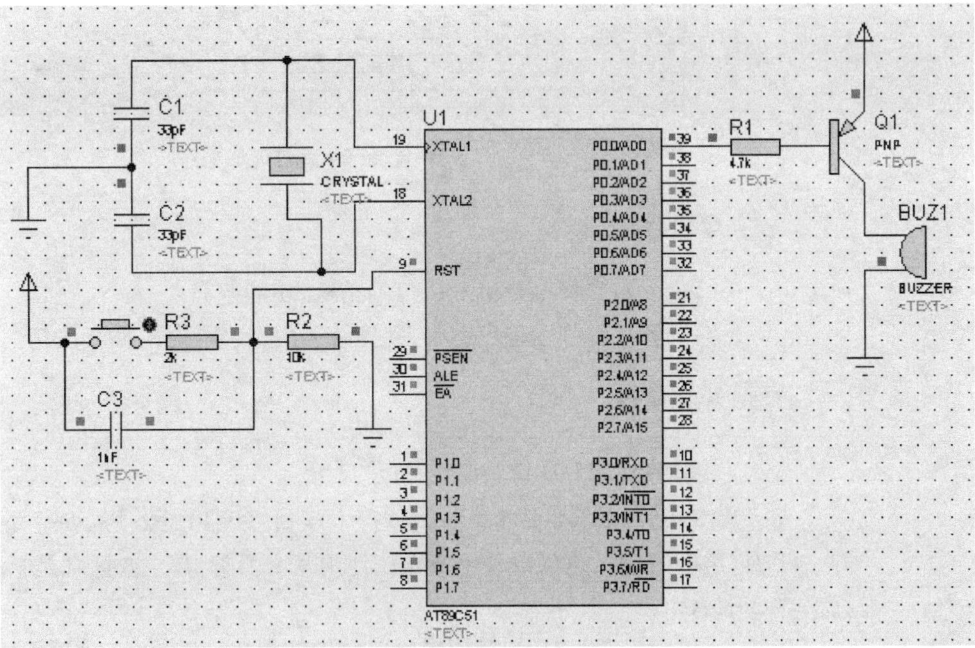

图 2-8 蜂鸣器发声仿真结果

任务 2-2 炫丽人生——LED 彩灯闪烁控制

任务要求

扫一扫

LED 彩灯闪烁效果演示

通过 51 单片机控制八个发光二极管,电路如图 2-9 所示,要求控制发光二极管从左到右依次点亮、熄灭,每次只亮一个发光二极管,呈现流水灯效果。利用 Proteus 仿真软件搭建电路,用 Keil C51 编写控制程序实现其功能。

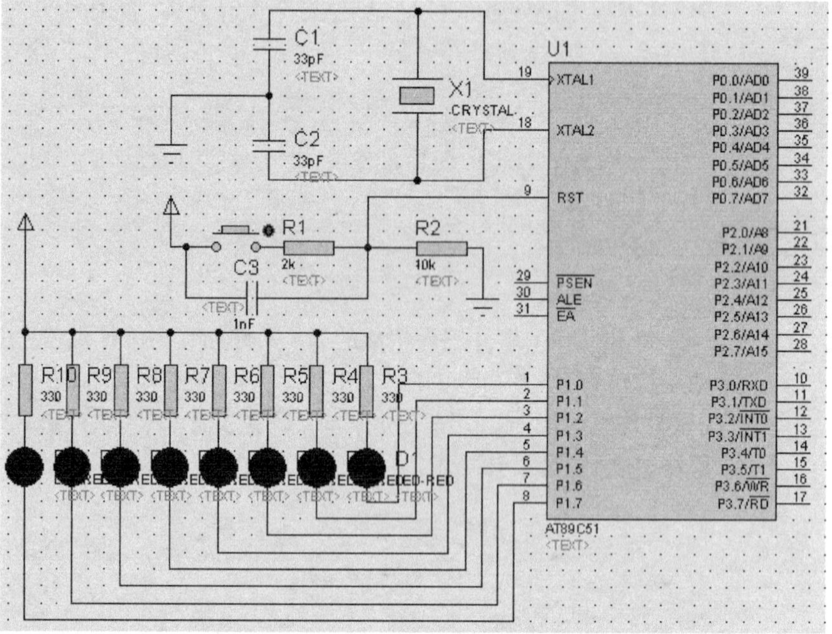

图 2-9 彩灯闪烁电路

学习目标

(1)进一步掌握单片机 I/O 口的结构、功能差异。

(2)理解三种基本程序结构,并熟练运用,实现选择、循环语句。

知识储备

一、单片机的 I/O 口

AT89C51 单片机有四个双向并行 I/O 口:P0、P1、P2、P3;每个端口既可以按位操作使用单个引脚,也可以按字节操作使用八个引脚,其主要区别是第二功能不同。

1. P0 口

P0 口为三态双向口,其逻辑电路结构如图 2-10 所示。作为输入/输出口时一般情况下应外接上拉电阻,其驱动能力比较大,可驱动多达八个 TTL 电路;在单片机系统有外部扩展时，作为地址总线的低 8 位（来源 PCL、DPL、R0、R1）和双向数据总线 8 位。

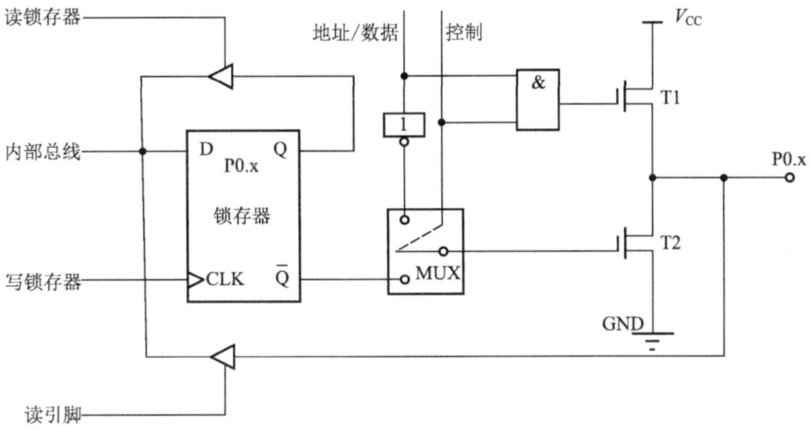

图 2-10 P0 口逻辑电路结构

2. P1 口

P1 口为三态双向口，其逻辑电路结构如图 2-11 所示。P1 口的结构最简单，用途也单一，仅作为数据输入/输出口，且做输出使用时无须外接上拉电阻，可驱动四个 TTL 电路。输出时可以按位操作，也可以按字节操作。如下面指令实现将 P1.0 引脚输出低电平。

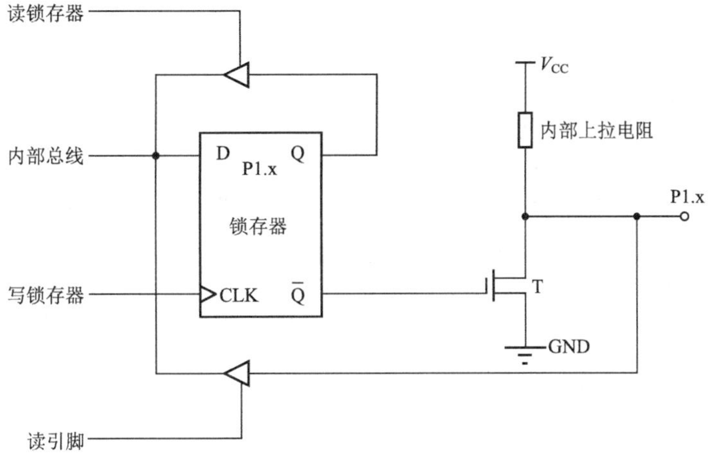

图 2-11 P1 口逻辑电路结构

```
sbit P1_0 = P1^0;       //定义 P1.0 引脚位名称为 P1_0
P1_0 = 0;               //在 P1.0 引脚输出低电平
```

采用字节操作时，一次性给八个引脚赋值，如：

```
P1 = 0x0F;              //在 P1.0 ~ P1.3 引脚输出高电平，P1.4 ~ P1.7 引脚
                        //输出低电平
```

小提示

I/O 口采用字节操作时,第 7 位为高位,第 0 位为低位,故十六进制的 0x0F(对应二进制的 00001111)赋值给 P1,结果为 P1 的高 4 位为 0,低 4 位为 1。

3. P2 口

P2 口为三态双向口,其逻辑电路结构如图 2-12 所示。P2 口做输入/输出口使用时与 P1 口相同;P2 口还有第二功能,在系统扩展时,其作为地址总线的高 8 位,与 P0 口一起构成 16 位的系统地址总线。P2 口作为地址总线的高 8 位,P0 口作为地址总线的低 8 位。

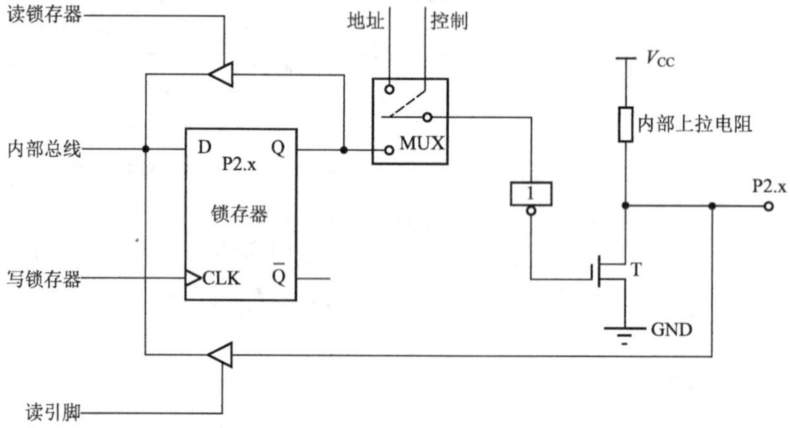

图 2-12　P2 口逻辑电路结构

4. P3 口

P3 口为三态双向口,其逻辑电路结构如图 2-13 所示。P3 口做输入/输出口使用时与 P1 口相同;P3 口各引脚的第二功能见表 2-7。作为第二功能使用的端口不能同时做通用输入/输出口使用,但是其他未被使用的端口线仍可做通用输入/输出口使用。

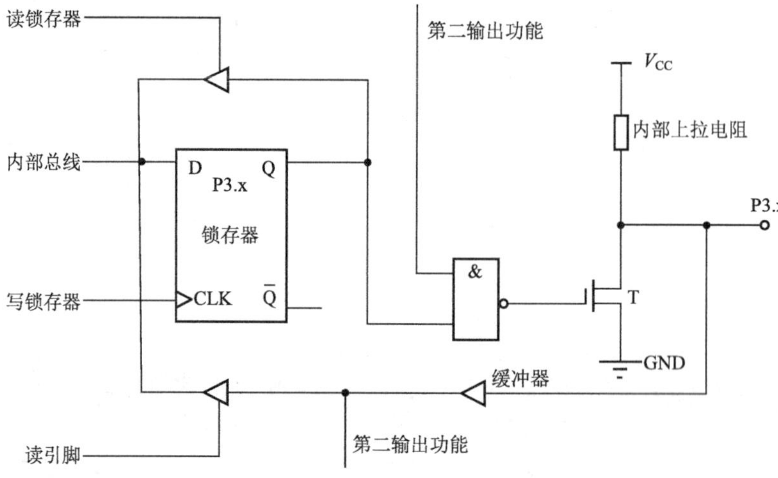

图 2-13　P3 口逻辑电路结构

表 2－7　P3 口各引脚的第二功能

P3 口引脚	第二功能	信号名称
P3.0	RXD	串行数据接收
P3.1	TXD	串行数据发送
P3.2	INT0	外部中断 0 申请
P3.3	INT1	外部中断 1 申请
P3.4	T0	定时/计数器 T0 计数输入
P3.5	T1	定时/计数器 T1 计数输入
P3.6	WR	外部 RAM 写选通
P3.7	RD	外部 RAM 读选通

小提示

4 个并行 I/O 口做输入口读取引脚信息时，必须先向电路的锁存器写入“1”，否则读取的是锁存器的状态。

```
sbit P1 = P1^0;          //定义 P1.0 引脚位名称为 P1_0
bit m;                   //定义位变量 m
P1_0 =1;                 //在 P1.0 引脚输出高电平，打开锁存器
m = P1_0;                //读入 P1.0 引脚电平信息，赋值给变量 m
```

二、表达式语句与复合语句

从程序流程的角度来看，程序可以分为三种基本结构，即顺序结构(见图 2－14)、选择 (分支)结构和循环结构。这三种基本结构可以组成所有的各种复杂程序。C 语言提供了多种语句来实现这些程序结构。

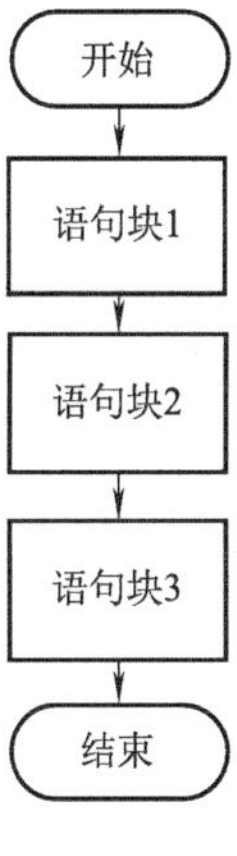

图 2－14　顺序结构示意图

1. 表达式语句

表达式语句是最基本的 C 语言语句，表达式语句由表达式加上分号“;”组成。其一般形式为：

表达式;

例如：

```
P1 =0x00;
P1_0 =1;
a =b +c;
```

在 C 语句中，有个特殊的表达式语句，称为空语句。空语句只有一个分号“;”，执行空语句需要占用一条指令的执行时间，但是什么都不做。在实际运用中，常作为循环体，重复执行多次以消耗 CPU 时间，等待某事件发生，如程序 ex2－1 第 6 行的语句：

```
for (k =0;k < i;k ++);
```

上面 for 语句后面的“;”是一条空语句，作为循环体出现。类似的：

```
while (1);
```

上述语句中 while 语句构成一个无限循环,循环体“;”是一条空语句,常用作于系统停机语句。

2. 复合语句

将多个语句用花括号{ }括起来,组合在一起形成具有一定功能的模块,这种由若干条语句组合而成的语句块称为复合语句。在程序中应把复合语句看成单条语句,而不是多条语句。

复合语句在程序运行时,{ }中的各行单语句是依次执行的。在 C 语言的函数中,函数体就是一个复合语句,例如程序 ex2 - 1 中的函数体就是复合语句:

```
#include <reg51.h>
sbit beep = P0^0;
void delay(unsigned int i)          //延时函数
{                                   //函数体复合语句开始
    unsigned int k;
    for(k = 0;k < i;k ++);          //函数体复合语句结束
}
void main()                         //主函数
{                                   //函数体复合语句开始
    beep = 1;
    delay(50000);
    beep = 0;
    while(1);                       //函数体复合语句结束
}
```

复合语句内的各条语句都必须以分号“;”结尾,复合语句之间用花括号{ }分隔,在花括号外不能再加分号。

三、选择语句

选择语句是一种常用的基本语句,用于选择结构。

选择结构用于判断给定的条件,根据判断的结果来控制程序的流程。其结构示意图如图 2-15 所示。判断条件成立,执行语句组 1;判断条件不成立,执行语句组 2。选择结构又称分支结构。

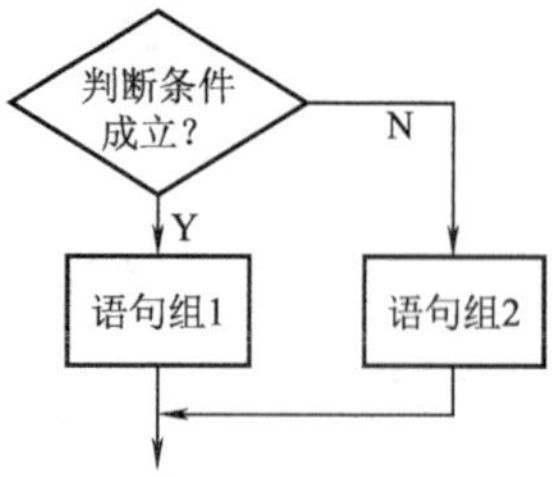

图 2-15 选择结构示意图

在 C 语言中,选择结构程序设计一般用 if 语句或 switch 语句来实现。if 语句又有 if、if - else 和 if - else - if 三种不同的形式,下面分别进行介绍。

1. 基本 if 语句

基本 if 语句的格式如下:

```
if(表达式)
{
  语句组 1;
}
```

if 后紧接着是一对小括号“( )”,小括号里写“表达式”,接着是一对花括号“{ }”,花括号里写执行的语句组 1。花括号里面的语句组如果只有一条语句,则可以省略花括号。如“if (P3_0 = =0) P1_0 =0;”语句。但是,为了提高程序的可读性和防止程序书写错误,建议读者在任何情况下,都加上花括号。

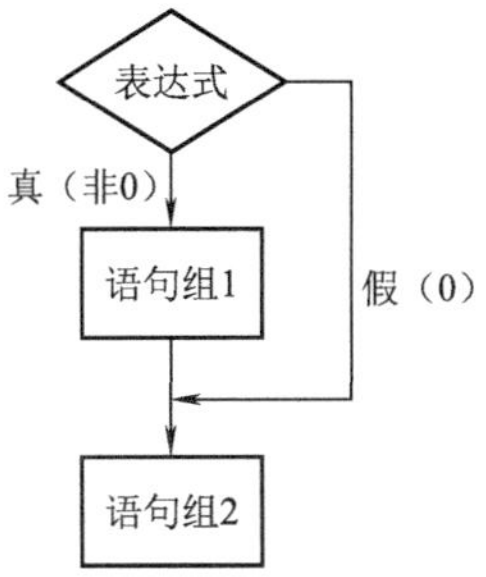

图 2-16 if 语句执行过程

if 语句的执行过程:当“表达式”的结果为“真”时,执行其对应花括号内的“语句组 1”;否则,跳过语句组 1,继续执行下面的语句组,执行过程如图 2-16 所示。

if 语句中的“表达式”通常为逻辑表达式或关系表达式,也可以是任何其他的表达式或类型数据,只要表达式的值非 0,即为“真”。以下语句都是合法的:

```
if(3){语句组;}
if(x=8){语句组;}
if(P3_0) {语句组;}
```

2. if-else 语句

if-else 语句的一般格式如下:

```
if (表达式)
{
  语句组 1;
}
else
{
  语句组 2;
}
```

if-else 语句的执行过程:当“表达式”的结果为“真”时,执行其后的“语句组 1”;否则,执行“语句组 2”,图 2-17 是 if-else 语句执行过程。

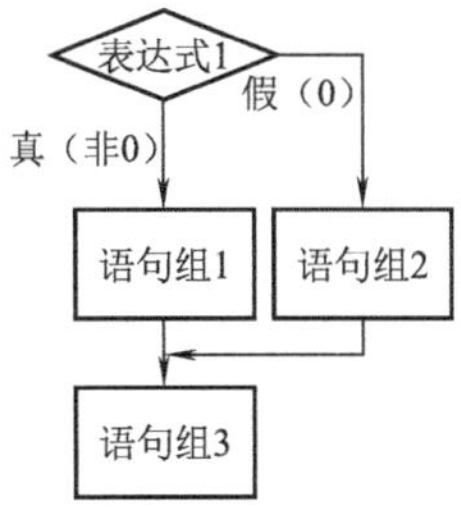

图 2-17 if-else 语句执行过程

3. if-else-if 语句

if-else-if 语句是由 if-else 语句组成的嵌套,用于实现多个条件分支的选择,其一般格式如下:

```
if (表达式 1)
{
  语句组 1;
}
else if (表达式 2)
{
  语句组 2;
}
  ...
```

```
else if (表达式 n)
{
  语句组 n;
}
else
{
  语句组 n +1;
}
```

执行该语句时,依次判断“表达式 i”的值,当“表达式 i”的值为“真”时,执行其对应的“语句组 i”,跳过剩余的 if 语句组,继续执行该语句下面的一条语句。如果所有表达式的值均为“假”,则执行最后一个 else 后的“语句组 n + 1”,然后再继续执行其下面的一个语句, 执行过程如图 2-18 所示。

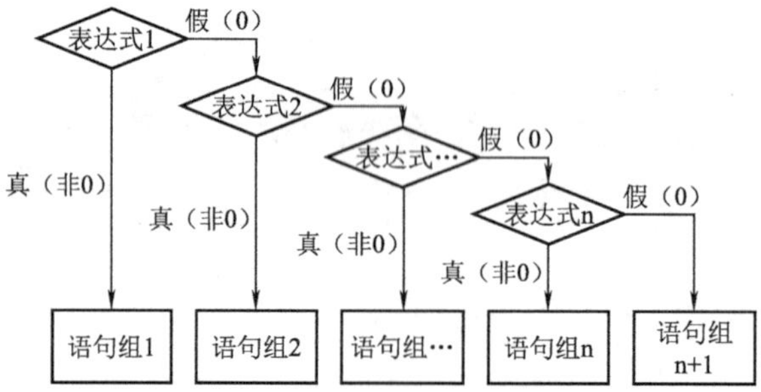

图 2-18　if-else-if 语句执行过程

小提示

（1）else 语句是 if 语句的子句,它是 if 语句的一部分,不能单独使用。

（2）else 语句总是与在它上面跟它最近的 if 语句相配对。

（3）如果表达式是由两个关系表达式组成的逻辑表达式,例如:表达式“P3_ 0 == 0&& P3_1 ==0”,其中符号“&&”是逻辑运算符,其运算规则是:当且仅当左右两边的值都为“真”时,运算结果为“真”,否则为“假”。

在上面的表达式中,当且仅当 P3_0 和 P3_1 都为 0 时,该表达式的值为“真”,否则为“假”。

4. switch 语句

if 语句一般用于条件分支较少的场合,如果使用 if 语句来编写超过三个以上分支的程序,就会降低程序的可读性。C 语言提供了一种用于多分支选择的 switch 语句,其一般格式如下:

```
switch (表达式)
{
    case 常量表达式 1: 语句组 1;  break;
```

```
    case 常量表达式2: 语句组2;  break;
    …
    case 常量表达式n: 语句组n;  break;
    default:  语句组n+1;
}
```

该语句的执行过程是：首先计算“表达式”的值，并逐个与case后的“常量表达式”的值相比较，当“表达式”的值与某个“常量表达式”的值相等时，则执行对应该常量表达式后的“语句组”，再执行break语句，跳出switch语句的执行，继续执行下一条语句。如果表达式的值与所有case后的常量表达式均不相同，则执行default后的语句组。

小提示

(1)在case后的各常量表达式的值不能相同，否则会出现同一个条件有多种执行方案的矛盾。

(2)在case语句后，允许有多个语句，可以不用{}括起来。例如：

```
case 0:P1_0 =1;  P1_1 =0;break;
```

(3)“case 常量表达式”只相当于一个语句标号，表达式的值和某个语句标号相等则转向该标号执行，但在执行完该标号后面的语句后，不会自动跳出整个switch语句，而是继续执行后面的case语句。因此，使用switch语句时，要在每一个case语句后面，加break语句，使得执行完该case语句后可以跳出整个switch语句的执行。

(4)case和default语句的先后顺序可以改变，不会影响程序的执行结果。

(5)default语句是在不满足case语句情况下的一个默认执行语句。如果default语句后面是空语句，表示不做任何处理，可以省略。

四、循环语句

在许多情况下，我们需要重复做相同的事，比如点亮1号灯、2号灯、3号灯，再全熄灭，重复做100次。这个时候可以重复下达100次点灯熄灯指令，但是最好让单片机自己按顺序执行这些重复的事情，就要用到循环语句来实现循环结构了。

1. 循环结构

在结构化程序设计中，循环程序结构是一种很重要的程序结构，几乎所有的应用程序都包含循环结构。

循环程序的作用是：对给定的条件进行判断，当给定的条件成立时，重复执行给定的程序段，直到条件不成立时为止。给定的条件称为循环条件，需要重复执行的程序段称为循环体。

前面介绍的delay( )函数中使用了for循环，其循环体为空语句，用来消耗CPU的时间来产生延时效果，这种延时方法称为软件延时。软件延时的缺点是占用CPU时间，使得CPU在延时过程中不能做其他事情。解决的方法是使用单片机中的硬件定时器实现延时功能。

2. 循环语句

在C语言中,可以用下面三种语句来实现循环程序结构:while 语句、do-while 语句和 for 语句。下面分别对它们加以介绍。

1) while 语句

while 语句用来实现"当型"循环结构,即当条件为"真"时,就执行循环体。while 语句的一般格式如下:

```
while (表达式)
{
  语句组;         //循环体
}
```

其中,"表达式"通常是逻辑表达式或关系表达式,为循环条件;"语句组"是循环体,即被重复执行的程序段。该语句的执行过程是:首先计算"表达式"的值,当值为"真"(非0)时,执行循环体"语句组",执行完一次循环体"语句组"后,再次回到 while 语句进行循环条件判断,如果仍然为"真",则重复执行循环体"语句组";当值为"假"时,则退出整个 while 循环语句。如果循环条件一开始就为"假",那么 while 后面的循环体一次都不会被执行。流程图如图 2-19 所示。

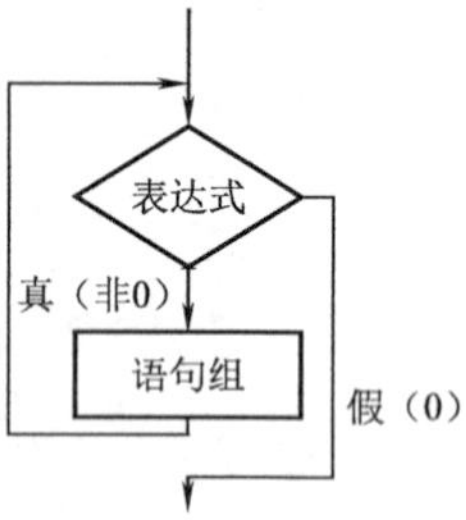

图 2-19 while 语句执行流程图

在循环程序设计中,要特别注意循环的边界问题,即循环的初值和终值要非常明确。例如:下面的程序段是求整数 1~100 的累加和,变量 i 的取值范围为 1~100,所以,初值设为 1,while 语句的条件为"i< =100",符号"< ="为关系运算符"小于或等于"。

```
void main()
{
  int i,sum;              //定义两变量 i,sum
  i=1;                    //变量 i 初始值为 1
  sum=0;                  //累加和变量 sum 初始值为 0
  while(i<=100)
  {
    sum=sum+i;            //累加和
    i++;                  //i 增 1,修改循环控制变量
  }
}
```

小提示

(1) 在使用 while 语句进行循环程序设计时,通常循环体内包含修改循环条件的语句,以使循环逐渐趋于结束,避免出现死循环。

(2) 特殊的,为让系统执行完任务后停机,可让循环条件总为"真"。例如:while(1),表达式为常量"1",非 0 即为循环条件永远成立,则为无限循环,即死循环。

2) do-while 语句

前面所述的 while 语句是在执行循环体之前判断循环条件,如果条件不成立,则该循环不会被执行。实际情况往往需要先执行一次循环体后,再进行循环条件的判断,“直到型”do-while 语句可以满足这种要求。

do-while 语句的一般格式如下:

```
do
{
  语句组;            //循环体
}
while (表达式);
```

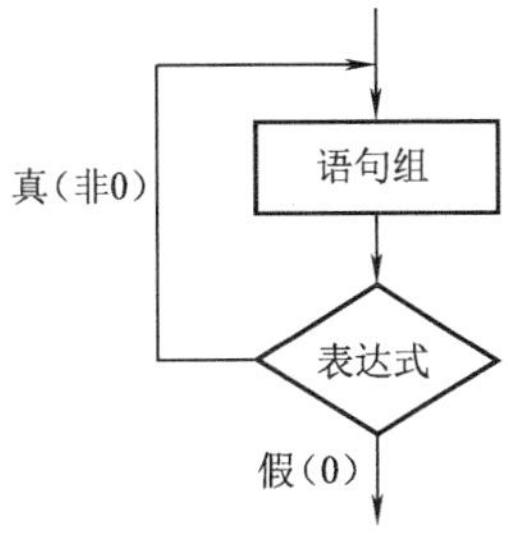

图 2-20 do-while 语句执行流程图

该语句的执行过程是:先执行循环体“语句组”一次,再计算“表达式”的值。如果“表达式”的值为“真”(非 0),则继续执行循环体“语句组”,直到“表达式”的值为“假”(0)时为止,如图 2-20 所示。

用 do-while 语句求 1 ~ 100 的累加和,程序如下:

```
void main ( )
{
  int i  =1;                  //循环控制变量 i 初始值为 1
  int sum =0;                 //累加和变量 sum 初始值为 0
  do
  {
     sum = sum + i;           //累加和
     i ++;                    //i 增加 1,修改循环控制变量
  }while(i < =100);
}
```

可以看到,同样一个问题,既可以用 while 语句,也可以用 do-while 语句来实现,二者的循环体“语句组”部分相同,运行结果也相同。区别在于:do-while 语句是先执行、后判断,而 while 语句是先判断、后执行。如果条件一开始就不满足,do-while 语句至少要执行一次循环体“语句组”,而 while 语句的循环体“语句组”则一次也不执行。

小提示

(1) 在使用 if 语句、while 语句时,表达式括号后面都不能加分号“;”,但在 do-while语句的表达式括号后面必须加分号。

(2) do-while 语句与 while 语句相比,更适用于处理不论条件是否成立,都需要先执行一次循环体的情况。

3) for 语句

for 语句也是一种常用的实现循环控制的语句,在前面的延时函数 delay( )中,使用 for 语句实现循环,重复执行若干次循环体。在 C 语言中,当循环次数明确的时候,

使用 for 语句比 while 和 do-while 语句更为方便。

for 语句的一般格式如下：

```
for (循环变量赋初值;循环条件;修改循环变量)
{
  语句组;                              //循环体
}
```

关键字 for 后面的圆括号内通常包括三个表达式：循环变量赋初值、循环条件和修改循环变量，三个表达式之间用“;”隔开。花括号内是循环体“语句组”。

for 语句的执行过程如下：

(1)先执行第一个表达式，给循环变量赋初值，通常这里是一个赋值表达式。

(2)利用第二个表达式判断循环条件是否满足，通常是关系表达式或逻辑表达式。若其值为“真”(非 0)，则执行“语句组”一次，再执行下面第(3)步；若其值为“假”(0)，则转到第(5)步循环结束。

(3)计算第三个表达式，修改循环变量，一般也是赋值语句。

(4)跳到上面第(2)步继续执行。

(5)循环结束，执行 for 语句下面的一条语句。

用 for 语句求 1 ~ 100 累加和，程序如下：

```
void main()
  {
      int i;
      int sum=0                    //累加和变量 sum 初始值为 0
      for(i=1;i<=100;i++)
      {
        sum=sum+1 ;
      }
  }
```

上面 for 语句的执行过程如下：先给 i 赋初值 1，判断 i 是否小于或等于 100，若是，则执行循环体语句“sum = sum + i;”一次，然后 i 增 1，再重新判断，直到 i = 101 时，条件“i < = 100”不成立，循环结束。对比前面 while 语句求 1 ~ 100 累加和的程序可以发现，两者是可以互换的。

比较 for 语句和 while 语句，显然用 for 语句更加简洁方便。while、do – while 和 for 语句都可以用来处理相同的问题，一般可以互相代替。

for 语句中的三个表达式都是可选项，即可以省略，但必须保留“;”。

如果在 for 语句外已经给循环变量赋了初值，通常可以省去第一个表达式“循环变量赋初值”。例如：

```
int i=1,sum=0;
for(;i<=100;i++)
{
```

```
  sum = sum + i;
}
```

如果省略第二个表达式"循环条件",则不进行循环结束条件的判断。循环将无休止地执行下去而成为死循环,这时通常应在循环体中设法用 break 语句结束循环。例如:

```
int i,sum = 0;
for(i =1;;i ++)
{
  if(i>100)  break;     //当 i >100 时,结束 for 循环
  sum = sum + i;
}
```

如果省略第三个表达式"修改循环变量",可在循环体语句组中加入修改循环控制变量的语句,保证程序能够正常结束。例如:

```
int i,sum = 0;
for(i =1;i <=100;)
{
  sum = sum + i;
  i ++;           //循环变量 i = i +1
}
```

for 语句也可用于无限循环。下面程序是采用 for 语句实现无限循环的:

```
for(;;)
{
  语句组;         //循环体
}
```

此时,for 语句的小括号内只有两个分号,三个表达式全部为空语句,意味着没有设初值,不判断循环的条件,循环变量不改变,其作用相当于 while(1),构成一个无限循环过程。

小提示

while 语句与 for 语句转换

while 语句		for 语句
表达式 1	//循环变量赋值	for(表达式;表达式 2;表达式 3)
while(表达式 2)	//循环条件判断	{
{		语句组;
语句组	//循环体	}
表达式 3;	//修改循环控制变量	
}		

4)循环的嵌套

循环嵌套是指一个循环(称为"外循环")的循环体内包含另一个循环(称为"内

循环")。内循环的循环体内还可以包含循环,形成多层循环。while、do-while 和 for 三种循环结构可以互相嵌套。

5)break 和 continue 语句

(1)break 语句。break 语句通常用在循环语句和 switch 语句中。在 switch 语句中使用 break 语句时,程序跳出 switch 语句,继续执行其后面的语句,当 break 语句用于 while、do-while、for 循环语句中时,不论循环条件是否满足,都可使程序立即终止整个循环而执行后面的语句。通常 break 语句总是与 if 语句一起使用,即满足 if 语句中给出的条件时便跳出循环。

例如,执行如下的程序段:

```
void main()
{
    int i=0,sum;
    sum=0;
    for(i=1;;i++)          //设置 for 循环
    {
      if(i>10)break;     //判断条件是否满足,如果满足则跳出循环
      sum=sum+i;
    }
}
```

小提示

> (1)在循环结构程序中,既可以通过循环语句中的表达式来控制循环程序是否结束,也可以通过 break 语句强行退出循环结构。
>
> (2)break 语句对 if-else 条件语句不起作用。
>
> (3)在循环嵌套中,一个 break 语句只能向外跳出一层。

(2)continue 语句。continue 语句的作用是跳过循环体中剩余的语句,结束本次循环,强行执行下一次循环。它与 break 语句的不同之处是:break 语句是直接结束整个循环语句;而 continue 语句则停止当前循环体的执行,跳过循环体中余下的语句,再次进入循环条件判断,准备继续开始下一次循环体的执行。

continue 语句只能用在 for、while、do-while 等循环体中,通常与 if 条件语句一起使用。用来加速循环结束。

```
循环变量赋初值;
while (循环条件)
{...
   语句组 1;
   修改循环变量;
   if (表达式)break;
   语句组 2;
}
```

```
循环变量赋值;
while(循环体变量)
{...
   语句组 1;
   修改循环变量;
   if(表达式)continue;
   语句组 2;
}
```

break 语句与 continue 语句的区别如上，它们的执行过程比较如图 2-21 所示。下面的程序段将求出 1 ~30 所有不能被 3 整除的整数之和。

```
void main( )
{
  int i, sum;
  sum=0;
  for(i-1;i<-20;i++)          //设置 for 循环
   {
    if(i% 3==0)continue;     //若 i 对 3 取余运算，且结果为 0，即 i 能
                             //被 3 整除，执行 continue 语句，跳过下
                             //面求和语句，程序继续执行 for 循环
    sum=sum+i:               //如果 i 不能被 3 整除，则执行求和语句
  }
}
```

算术符号“%”为取余符号，要求参与运算的量均为整数，运算结果等于两数相除后的余数。

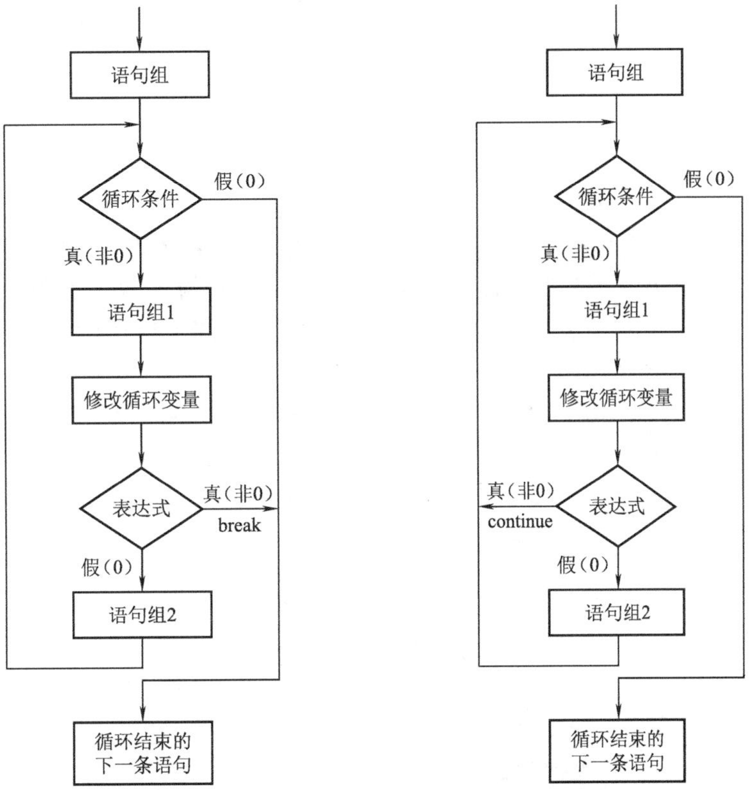

(a) break语句　　(b) continue语句

图 2-21 break 语句和 continue 语句执行过程比较

任务实施

一、硬件电路分析与设计

本任务是利用单片机实现彩灯点亮的流水灯控制。彩灯可选择常用的发光二极管(LED)。发光二极管是一种特殊二极管,具有普通二极管的一般性质:正向导通,反向截止,并且具有普通二极管不具有的性质,即正向导通可发光,外形图如图 2-22 所示。发光二极管放大图如图 2-23 所示。常用的 3 mm 圆头发光二极管,正向导通电压约 2 V,颜色有多种选择。选择共阳极连接控制方式,限流值取最大工作电流 20 mA 的一半(10 mA),电源选择开发板提供 5 V 直流电源,故计算可得限流电阻约为 330 Ω。端口最好选择一组 I/O 口,综合考虑选择 P1 口作为流水灯控制端口,电路图见图 2-9。

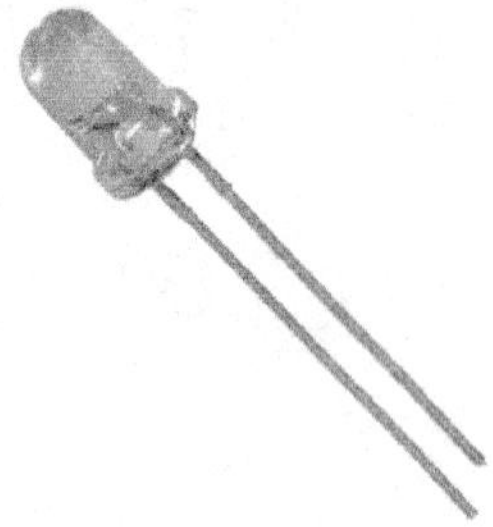

图 2-22　发光二极管外形图

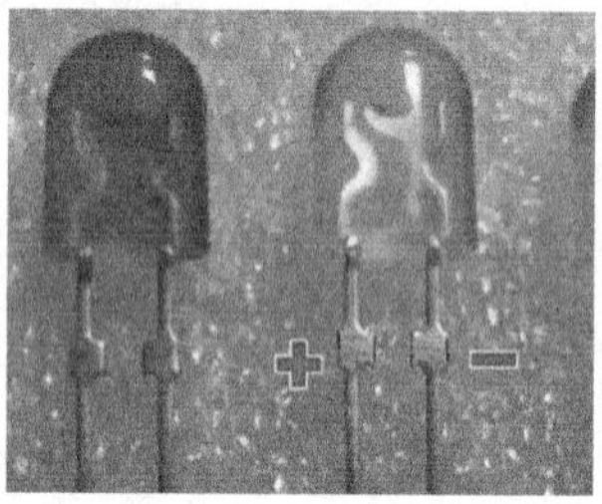

图 2-23　发光二极管放大图

小提示

发光二极管正负极常用判别方法:

(1)观察法:如果是引脚正常的发光二极管,引脚长的为正极,短的为负极。如图 2-22 所示,下面引脚为正,上面引脚为负;如果引脚被剪断过而不能判断,则可观察其头部,发光二极管管体内部金属极较小的是正极,大的片状的是负极,如图 2-23所示。

(2)万用表判别法:可以用数字万用表通断挡(二极管挡),将红黑表笔分别接在两个引脚上。若有读数,则红表笔一端为正极;若读数为"1",则黑表笔一端为正极。

二、源程序设计

根据任务要求,亮点右移,至最左端发光二极管点亮后再重复。故彩灯实际是八个不同状态,对应单片机 P1 口需输出八个数值,见表 2-8。程序设计最直接的思路就是直接循环控制输出八个数值,直接循环控制彩灯流程图如图 2-24 所示(具体程序略)。

如果把表 2-8 中第二行开始的 P1 值减上一行 P1 值,得到的数值列在表"差值"列,可发现其差值为等比数列。因此,程序的第二种思路可设一变量 j 保存差值,变量 st 保存 P1 值,依据上述规律更新 st 值。程序设计思路如图 2-25 所示,具体程序设计如程序 ex2-2(最左侧为序号)。

表 2-8 P1 口各引脚状态表

项目	P1.7	P1.6	P1.5	P1.4	P1.3	P1.2	P1.1	P1.0	P1 数值	差值
状态 1	0	1	1	1	1	1	1	1	0x7F	
状态 2	1	0	1	1	1	1	1	1	0xBF	64
状态 3	1	1	0	1	1	1	1	1	0xDF	32
状态 4	1	1	1	0	1	1	1	1	0xEF	16
状态 5	1	1	1	1	0	1	1	1	0xF7	8
状态 6	1	1	1	1	1	0	1	1	0xFB	4
状态 7	1	1	1	1	1	1	0	1	0xFD	2
状态 8	1	1	1	1	1	1	1	0	0xFE	1

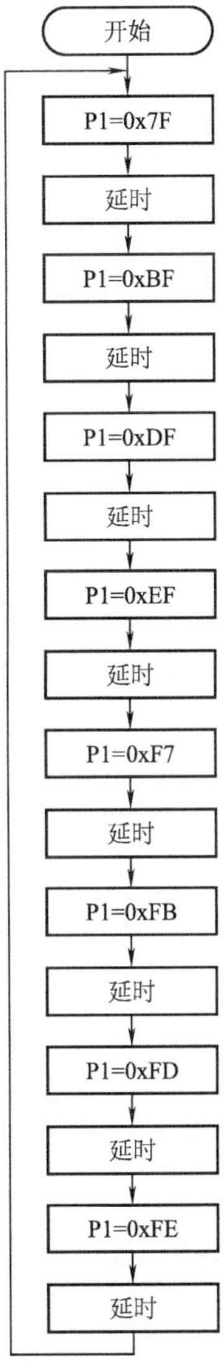

图 2-24 直接循环控制彩灯流程图

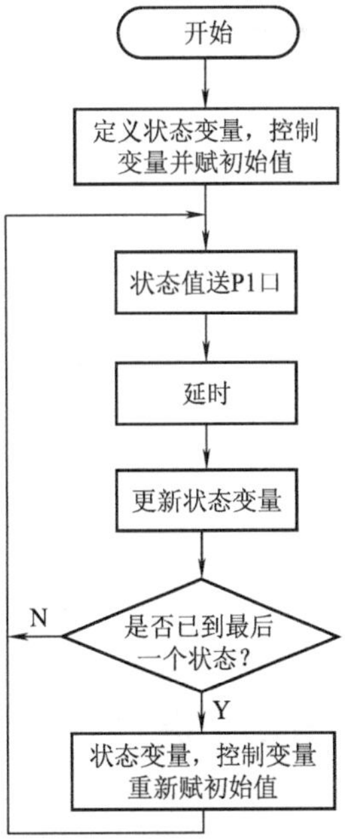

图 2-25 彩灯控制流程图

```
//程序 ex2 -2
//彩灯闪烁
1  #include <reg51.h>                      //包含头文件 reg51.h 定义 51
                                            //单片机的专用寄存器
2  void delay(unsigned int i)               //定义延时函数
3  {
4    unsigned int k;
5    for(k=0;k<i;k++);
6  }
7  void main(void)                          //主函数
8  {
9    unsigned int j=128,st=127;             //定义状态变量 st,控制变量 j,
                                            //并赋初始值
10   while(1)                               //无限循环
11   {
12     P1=st;                               //状态值(保存在变量 st)送 P1,
                                            //控制彩灯发光
13     delay(5000);                         //延时
14     j=j/2;                               //j 除以 2
15     st=st+j;                             //更新状态值
16     if(j==0)                             //j=0 时,亮点已移到最右
17     {
18       j=128;                             //j 恢复到初始值
19       st=127;                            //st 恢复到初始值
20     }
21   }
22 }
```

第 2 ~6 行定义延时子函数 delay( ),控制亮点移动速度。主函数第 9 行定义两个变量 j、st,分别保存 P1 口输出值并分别赋初始值 128(除以 2 后为 64)、127(十六进制的 0x7F),第 16 行是判断语句 if,小括号内为条件,符号“ = = ”为判断左边“j”与右边“0”是否相等,如果相等,则执行第 17 ~20 行语句(if 对应花括号内语句)。

小提示

C 语言有专门的移位运算符:左移运算符“ << ”和右移运算符“ >> ”。左移语句“i = i << 2”实现的功能是将变量 i 左移两位,最高两位溢出,最低两位补零;右移语句“i = i >> 1”实现的功能是将变量 i 右移一位,最低位丢弃,最高位补零。

由表 2 -8 可以发现,从各状态依次是前一个状态向右移动一位,并高位补“1”得到的,与右移运算符高位补“0”有差异,但是如果按位取反后,得到表 2 -9 就恰好满

足右移运算规则。故可用数值0xFF减表2－9中各行，分别得到表2－8中各行（实现按位取反）。使用移位指令，可以重新编写程序如下。

表2－9 P1口各引脚状态取反后值

按位取反后	P1.7	P1.6	P1.5	P1.4	P1.3	P1.2	P1.1	P1.0
状态1	1	0	0	0	0	0	0	0
状态2	0	1	0	0	0	0	0	0
状态3	0	0	1	0	0	0	0	0
状态4	0	0	0	1	0	0	0	0
状态5	0	0	0	0	1	0	0	0
状态6	0	0	0	0	0	1	0	0
状态7	0	0	0	0	0	0	1	0
状态8	0	0	0	0	0	0	0	1

```
//程序 ex2-3
//彩灯闪烁
#include <reg51.h>                //包含头文件 reg51.h 定义 51
                                  //单片机的专用寄存器
void delay(unsigned int i)        //定义延时函数
{
 unsigned int k;
 for(k=0;k<i;k++);
}
void main(void)                   //主函数
{
   unsigned int st=0X80;          //主函数开始,定义初始值 st,
   while(1)                       //无限循环
   {
    P1=0XFF-st;                   //初始值 st 按位取反赋值给 P1,
                                  //点亮最左灯
    delay(5000);                  //延时
    st=st>>1;                     //st 右移一位
    if(st==0)                     //如 st=0 时,亮点已移到最右
    {
     st=0X80;                     // st 恢复到初始值
    }
   }
}
```

三、仿真结果

将 Keil C51 软件编译生成的 hex 文件加载到单片机芯片中。单击“运行”按钮，启动系统仿真，仿真结果如图 2-26 所示。观察 LED 灯，发现 LED 流水点亮，符合设计要求。

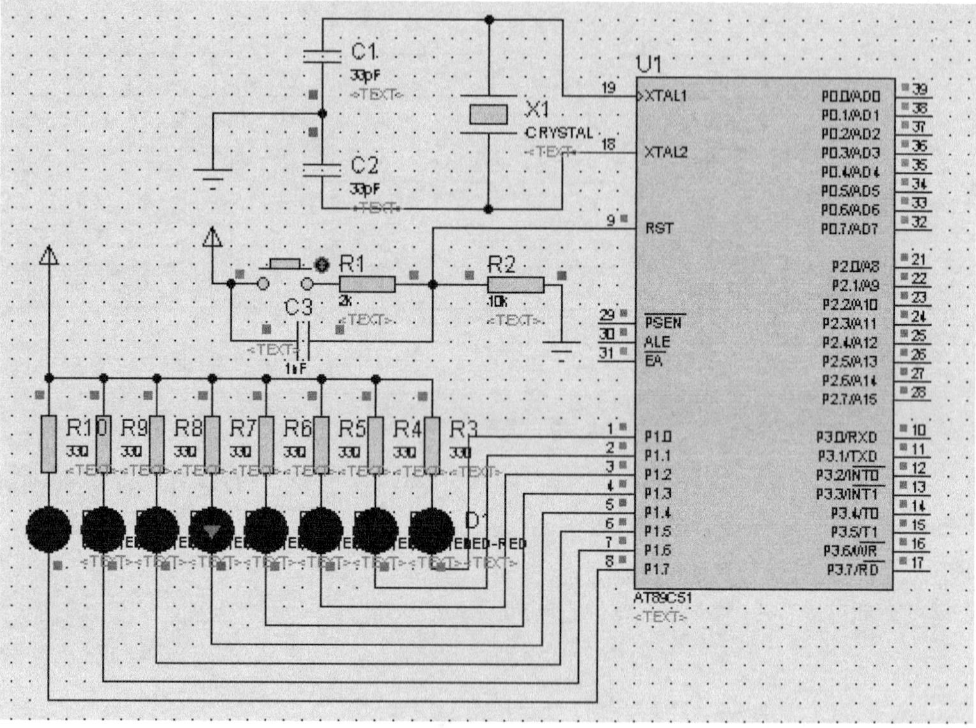

图 2-26　彩灯控制仿真结果

小　　结

本项目通过蜂鸣器报警控制任务，实现蜂鸣器的发声，让读者学习 C 语言的结构，体会单片机执行 C 语言的过程。通过 LED 彩灯闪烁控制任务，实现 LED 彩灯流水灯控制，让读者掌握三种基本程序结构及实现的语句，同时对单片机的结构、I/O 口的应用有所了解，重点是掌握三种基本程序结构和单片机 I/O 口的应用。

练习与思考题

一、选择题

1. AT89C51 系列单片机有四个并行 I/O 口，分别是(　　)，每个口都有 8 个引脚。

A. P0 口　　B. P1 口　　C. P2 口　　D. P3 口

2. P0 口的第一功能是8位准双向I/O口。第二功能是在访问外部存储器时，分时用作(　　)。

A. 低8位地址线　　B. 双向数据总线

C. 高8位地址线　　D. 单向数据总线

3. 外部扩展存储器时，分时复用作数据线和低8位地址线的是(　　)。

A. P0 口　B. P1 口　C. P2 口　D. P3 口

4. 结构化程序设计的三种基本结构分别为(　　)。

A. 顺序结构　B. 选择结构　C. 循环结构　D. 子程序

5. 在C语言中，循环程序结构分为(　　)三种语句。

A. while 语句　B. do-while 语句　C. for 语句　D. if 语句

6. 单片机最小系统包括时钟电路，正常工作时单片机时钟电路需在外部______和______之间接振荡电路。

A. XTAL1　B. RST　C. EA　D. XTAL2

7. 单片机的四个并行I/O口作为通用I/O口使用，在输出数据时，必须外接上拉电阻的是(　　)。

A. P0 口　B. P1 口　C. P2 口　D. P3 口

8. 当单片机应用系统需要扩展外部存储器或其他接口芯片时，(　　)可作为低8位地址总线使用。

A. P0 口　B. P1 口　C. P2 口　D. P3 口

9. 当单片机应用系统需要扩展外部存储器或其他接口芯片时，(　　)可作为高8位地址总线使用。

A. P0 口　B. P1 口　C. P2 口　D. P3 口

二、填空题

1. P1 口的功能只能作为8位漏极开路的________I/O口。

2. 单片机的存储器主要有四个物理存储空间，即________、________、________、________。

3. 单片机的应用程序一般存放在________中。

4. 片内RAM低128个单元，按其用途划分为________、________和________三个区域。

5. 当振荡脉冲频率为12 MHz时，一个机器周期为________；当振荡脉冲频率为6 MHz时，一个机器周期为________。

6. 单片机的复位电路有两种，即________和________。

7. 输入单片机的复位信号需延续________个机器周期以上的________电平时即为有效，用于单片机的复位初始化操作。

三、上机操作题

1. 修改任务2-1程序，使蜂鸣器一直发声。

2. 修改任务2-2程序，控制16个发光二极管循环点亮。

项目3　一切行动听指挥——并行I/O的应用

任务3-1　文明驾驶——汽车转向灯控制

任务要求

如图3-1所示，通过51单片机实现汽车转向指示的电气控制系统设计与制作任务。设计要求如下：当SW1键打到LEFT挡（图3-1中上端挡位）时，左转向灯D1闪烁；SW1键打到RIGHT挡（图3-1中下端挡位）时，右转向灯D2闪烁；SW1键打到NOP挡（图3-1中中间挡位）时，指示灯停止闪烁。转向时，只允许对应的一盏指示灯闪烁，闪烁频率为1 Hz。利用Proteus仿真软件搭建电路，用Keil C51编写控制程序实现其功能。

扫一扫

汽车转向灯效果演示

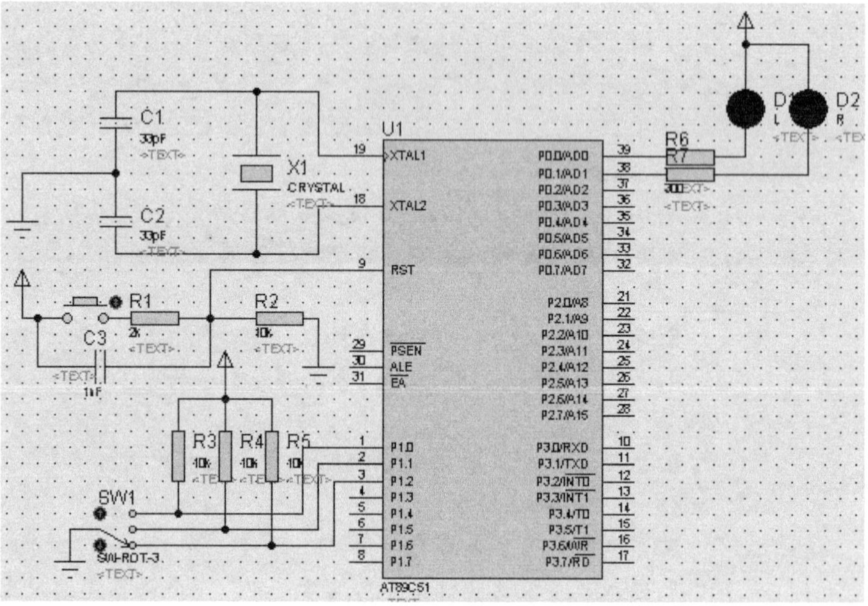

图3-1　汽车转向灯控制电路

学习目标

（1）掌握数据的类型、区别及使用。

（2）运用常用语句实现结构化程序设计。

知识储备

一、C 语言的数据

数据是单片机操作的对象，任何程序设计都要进行数据处理。具有一定格式的数字或数值称为数据，数据的不同格式称为数据类型。有些数据是在单片机运行过程中变化的，如记录温度的数据，随着温度变化而变化；有些数据是不变的，如圆周率。下面将介绍 C 语言中数据的类型。

1. 数据类型

在 C 语言中，数据可分为：基本类型、构造类型、指针类型、空类型四大类，如图 3-2所示。

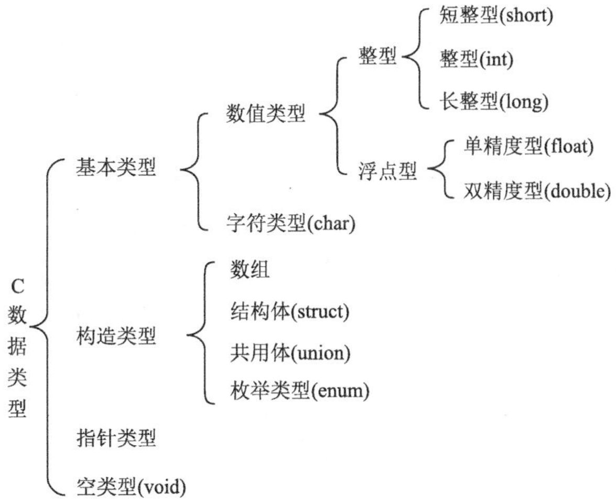

图 3-2 C 语言数据类型分类

在进行程序设计时，可以使用的数据类型与编译器有关。在 C51 编译器中，整型(int)和短整型(short)相同，单精度浮点型(float)和双精度浮点型(double)相同。表 3-1列出了 Keil μVision4 C51 编译器所支持的数据类型。

表 3-1 Keil μVision4 C51 编译器所支持的数据类型

数据类型	名　称	长　度	值　域
unsigned char	无符号字符型	单字节	0～255
signed char	有符号字符型	单字节	-128～+127
unsigned int	无符号整型	双字节	0～65 535
signed int	有符号整型	双字节	-32 768～+32 767
unsigned long	无符号长整型	四字节	0～4 294 967 295
signed long	有符号长整型	四字节	-2 147 483 648～+2 147 483 647
float	浮点型	四字节	±1.175 494E-38～±3.402 823E+38
*	指针型	1～3 字节	对象的地址

续表

数据类型	名　称	长　度	值　域
bit	位类型	位	0 或 1
sfr	专用寄存器	单字节	0～255
sfr16	16 位专用寄存器	双字节	0～65 535
sbit	可寻址位	可寻址位	0 或 1

1）字符类型（char）

字符类型（char）的长度是一字节，通常用于定义处理字符数据的变量或常量。分为无符号字符类型 unsigned char 和有符号字符类型 signed char，默认值为 signed char 类型。unsigned char 类型用字节中所有的位来表示数值，可以表达的数值范围是 0～255。signed char 类型用字节中最高位字节表示数据的符号，“0”表示正数，“1”表示负数，负数用补码表示。所能表示的数值范围是 -128～+127。unsigned char 常用于处理 ASCII 字符或用于处理小于或等于 255 的整型数。

2）整型（int）

整型（int）长度为两字节，用于存放一个双字节数据。分为有符号整型数 signed int 和无符号整型数 unsigned int，默认值为 signed int 类型。signed int 表示的数值范围是 -32 768～+32 767，字节中最高位表示数据的符号，“0”表示正数，“1”表示负数，负数用补码表示。unsigned int 表示的数值范围是 0～65 535。

3）长整型（long）

长整型（long）长度为四字节，用于存放一个四字节数据。分为有符号长整型 signed long 和无符号长整型 unsigned long，默认值为 signed long 类型。signed long 表示的数值范围是 -2 147 483 648～+2 147 483 647，字节中最高位表示数据的符号，“0”表示正数，“1”表示负数。unsigned long 表示的数值范围是 0～4 294 967 295。

4）浮点型（float）

浮点型（float）在十进制中具有 7 位有效数字，是符合 IEEE 754 标准的单精度浮点型数据，占用四字节。

5）指针型（*）

指针型（*）本身就是一个变量，在这个变量中存放指向另一个数据的地址。这个指针变量要占据一定的内存单元，对不同的处理器，长度也不尽相同。在 C51 编译器中它的长度一般为 1～3 字节。

6）位类型（bit）

位类型（bit）是 C51 编译器的一种扩充数据类型，利用它可定义一个位类型变量，但不能定义位指针，也不能定义位数组。它的值是一个二进制位，不是 0 就是 1，类似一些高级语言中的 Boolean 类型中的 True 和 False。

7）专用寄存器（sfr）

专用寄存器（sfr）也是一种扩充数据类型，占用一个内存单元，值域为 0～255。利用它可以访问 51 单片机内部的所有特殊功能寄存器。如用 sfr P1＝0x90 这一句定义 P1 端口在片内的寄存器地址，在后面的语句中可以用 P1＝255（对 P1 端口的所有引脚置高电平）之类的语句来操作特殊功能寄存器。

8）16位专用寄存器（sfr16）

16位专用寄存器（sfr16）占用两个内存单元，值域为0～65 535。sfr16和sfr一样用于操作特殊功能寄存器，所不同的是它用于操作占两字节的寄存器，如定时器T0和T1。

9）可寻址位（sbit）

可寻址位（sbit）是C51编译器中的一种扩充数据类型，利用它可以访问芯片内部RAM中的可寻址位或特殊功能寄存器中的可寻址位。

2. 常量和变量

在运算过程中，其值不能被改变的量称为常量。变量是一种在程序执行过程其值能不断变化的量，变量代表内存中具有特定属性的一个存储单元，它用来存放数据，也就是变量的值，在程序运行期间，这样的值是可以改变的。

1）常量

常量是指在程序执行期间其值固定、不能改变的量。常量的数据类型有整型、浮点型、字符型、字符串型和位类型。

（1）整型常量。整型常量是指直接使用的整型常数，又称整数，例如十进制的1、-9等。也可以用八进制表示，八进制整数必须以o开头，即以o作为八进制数的前缀，数字取值范围为0～7，如o12、o73等。还可以用十六进制表示，十六进制数常量前面使用0x作为前缀，表示该常量用十六进制表示，由数字0～9以及字母A～F组成（十六进制数中的字母可以使用A～F大写形式，也可以使用a～f小写形式），如0x1B、0xa0等。

（2）浮点型常量。浮点型（实数）由整数和小数部分组成，其中用十进制的小数点隔开。表示实数的方式有科学计数和指数方式两种。科学计数方式就是使用十进制的小数方法描述实型指数的方式。

若实数非常大或非常小，使用科学计数方式则不利于观察，此时可以使用指数方式显示实型变量。使用字母e或者E进行指数显示，如45e2表示的是4 500，而45e-2表示的是0.45。

（3）字符常量。字符常量使用单撇号括起一个字符的形式即字符常量，如'a'、'9'等。

（4）字符串常量。字符串常量是用一对双撇号括起来的若干字符序列，如"test"、"OK"等。字符串中字符的个数称为字符的长度，长度为0的字符串称为空串。C语言中存储字符串常量时，系统会在字符串的末尾自动加一个'\0'作为字符串结束的标志，在存储时多占用1字节，如字符串常量"B"实际包含两个字符：字符'B'和字符'\0'。

（5）位类型常量。位类型常量是一个二进制数，如1或0。

常量可以是数值型常量，也可以是符号常量。上述举例是数值型常量。在C语言中，通常将程序中的常量定义为一个标识符，这个常量就称为符号常量。在使用符号常量之前必须先用“#define”进行定义，大多数情况下，符号常量用大写英文字母表

示。例如:

```
#define PI 3.14   //用符号常量 PI 表示数字 3.14
```

在此语句后的程序中,凡是出现符号常量 PI,都是代表数字 3.14。

2)变量

在使用变量之前,必须先进行定义,用一个标识符作为变量名并指出其数据类型和存储模式,以便编译系统为它分配相应的存储单元。在单片机 C51 语言中对变量的定义格式如下:

```
[存储种类]数据类型[存储器类型]变量名;
```

其中,[ ]内是可选项。变量的存储种类有四种:自动(auto)、外部(extern)、静态(static)和寄存器(register)。定义变量时如果省略"存储种类"选项,则默认为自动变量。

(1)自动变量(auto)。自动变量是单片机 C51 语言中使用最为广泛的一种类型,大多数变量都属于自动变量。自动变量的作用范围仅在定义该变量的个体内,即在函数中定义的自动变量,只在该函数内有效;在复合语句中定义的自动变量,只在该复合语句中有效。一般自动变量没有标 auto,自动变量只有在定义该变量的函数被调用时,才分配给它存储单元,一旦退出函数,分配给它的存储单元就会立即消失。例如:

```
auto int b,c=3;   //auto 可以省略
```

(2)外部变量(extern)。外部变量可以被程序中的所有函数引用,是在函数外部定义的变量。它的作用范围是整个程序。如果一个外部变量对象要在被定义之前使用,或被定义在另一个源文件里,就必须使用关键字 extern 进行声明,设置外部变量的作用是增加函数间数据联系的通道,通常将外部变量的第一个字母用大写表示。

(3)静态变量(static)。静态变量就是希望函数中局部变量的值在两数调用结束后不消失而继续保留原值,即其占用的存储单元不释放,在下一次该函数调用时,该变量已有值就是上一次函数调用结束时的值。静态变量是在类型定义语句之前加关键字 static,在函数外部定义的称为外部静态变量,在函数内部定义的称为内部静态变量,它们都是静态分配空间的。内部静态变量作用范围仅限于静态变量的函数内部,并始终占有内存单元,在进入时赋予初始值。当退出该函数后,尽管该变量值还继续存在,但不能使用它。

(4)寄存器变量(register)。在单片机 C51 语言程序设计中,如果有些变量使用频繁,则为存取变量的值花费了不少时间,为了提高执行效率,将局部变量的值放在 CPU 的寄存器(可以理解为一种超高速的存储器)中,需要用时直接从寄存器中取出参加运算。由于对寄存器的存取速度远高于对内存的存取速度,因此这样做可以提高执行效率,这种变量称为寄存器变量。例如:

```
register int i;   //定义 i 为寄存器变量
```

小提示

(1) 在编写程序时,习惯上将符号常量的标识符用大写字母表示,而变量标识符用小写字母来表示,以示两者的区别。

(2) 在编写程序时如果不进行负数运算,应尽可能使用无符号字符变量或位变量,因为它们能被 C51 直接接收,可以提高程序运算的速度。

二、C 语言的运算符

运算符是编译程序执行特定算术或逻辑操作的符号。单片机 C51 语言和 C 语言基本相同，主要有三大运算符：算术运算符、关系与逻辑运算符和位操作运算符，具体如表 3－2 所示。先了解一下算术运算符，后面将介绍其他两种运算符。

表 3－2　C 语言的运算符

运算符名	运算符
赋值运算符	=
算术运算符	+　－　*　/　%　++　--
关系运算符	>　<　==　>=　<=　!=
逻辑运算符	!　&&　||
位运算符	<<　>>　~　&　|　^
条件运算符	?　:
逗号运算符	,
指针和地址运算符	*　&
求字节数运算符	sizeof
强制类型转换运算符	(类型)
下标运算符	[]
函数调用运算符	()

1. 赋值运算符

1）基本赋值运算符

“＝”运算符称为赋值运算符，它的作用是将等号右边一个数值赋给等号左边的一个变量，赋值运算符具有右结合性。赋值语句的格式如下：

```
变量=表达式;
```

例如：

```
x=5;              //将 5 赋值给变量 x
P1=0x00;          //将 P1 口的 8 位引脚清零
x=b=5;            //将 5 赋值给变量 x 和 b
y=6-5;            //将表达式“6-5”结果赋值给变量 y
```

赋值的类型转换规则如下：

（1）如果运算符两边的数据类型不一致时，系统自动将右侧表达式的值转换为左侧变量的类型，再赋值给该变量。

（2）实型数据赋值给整型变量时，舍弃小数部分。

（3）整型数据赋值给实型变量时，数值不变，但以 IEEE 浮点数形式存储在变量中。

（4）长字节整型数据赋值给短字节整型变量时，实行截断处理，即保留低位字节，截断高位字节。短字节整型数据赋值给长字节整型变量时，进行符号扩展。

2)复合赋值运算符

复合赋值运算符就是在赋值运算符“=”之前加上其他运算符，具体见表3-3。其语句格式如下：

变量 复合赋值运算符 表达式

例如：

```
i+=2;              //等价于 i=i+2
a*=b+5;            //等价于 a=a*(b+5)
x%=3;              //等价于 x=x%3
a<<=2;             //等价于 a=(a<<2)
```

表3-3 常用复合赋值运算符

运算符	作用	运算符	作用
+=	加法赋值	>>=	右移位赋值
-=	减法赋值	&=	逻辑与赋值
*=	乘法赋值	|=	逻辑或赋值
/=	除法赋值	^=	逻辑异或赋值
%=	取余赋值	~=	逻辑非赋值
<<=	左移位赋值		

2. 算术运算符

算术运算符常用的有加法运算符“+”、减法运算符“-”、乘法运算符“*”、除法运算符“/”、求余运算符“%”、自加运算符“++”、自减运算符“--”。

```
y+z;        //加法运算，但计算结果不能保留，无实际意义
y=6-5;      //减法运算，运算结果保存在变量 y 中
c=2*y;      //乘法运算，运算结果保存在变量 c 中
c=y/2;      //除法运算，运算结果保存在变量 c 中
c=y%2;      //求余运算，运算结果保存在变量 c 中
```

小提示

除法运算的法则是两数相除为整数，舍去小数部分，如5/3=1，-5/3=-1。求余运算是取得其余数，如5%3=2。

自增、自减运算：++i、i++、--i、i--。前两个实现变量i的自加1运算，如运算前i=3，运算后i=4；后两个实现变量i的自减1运算，如运算前i=3，运算后i=2。

小提示

++i、i++在赋值表达式中的效果是不同的，如运算前i=3，式j=++i的运算结果是：j=4，i=3；式j=i++的运算结果是：j=3，i=4。

请说明程序运行完成后，x，y，z，m，n 的值分别是多少？

```
main()
{
  int x=6,y,z,m,n;
  y=++x;
  z=x--;
  m=y/z;
  n=y%z;
}
```

任务实施

一、硬件电路分析与设计

本任务利用单片机实现汽车转向灯的模拟控制。转向开关可选择三挡拨动开关，公共端接地，其他三端通过上拉电阻接电源，并通过 P1 口接入单片机。其中左转向挡接 P1.0，NOP 挡接 P1.1，右转向挡接 P1.2。选择两种不颜色的 LED 分别作为左转向灯和右转向灯，采用共阳极连接方式接单片机 P0 口，左转向灯 D1 接 P0.0，右转向灯 D2 接 P0.1，电路图如图 3-1 所示。

二、源程序设计

本程序输入的三个端口决定输出的两个端口，根据开关的三个状态列出对应灯的控制要求，如表 3-4 所示。

表 3-4 灯状态列表

P1.0	P1.1	P1.2	左转向灯(P0.0)	右转向灯(P0.1)
0	1	1	闪烁	灭
1	0	1	灭	灭
1	1	0	灭	闪烁

如前所述，I/O 口在系统初始化后输出电平都是高电平，灯的初始状态是灭的，故只需要考虑表 3-4 第二行(左转向灯闪烁)和第四行(右转向灯闪烁)的实现。汽车转向灯流程图如图 3-3 所示。

实现 I/O 口的信息输入的简单办法可直接用 if 语句，判断端口电平。故整体程序如下：

```
//程序 ex3-1.c
//转向灯控制
1  #include <reg51.h>        //包含头文件 reg51.h 定义 51 单片机的
                             //专用寄存器
2   sbit L_SW=P1^0;          //2~6 行定义各端口
3   sbit N_SW=P1^1;
4   sbit R_SW=P1^2;
5   sbit L_LED=P0^0;
```

```
sbit R_LED = P0^1;
void delay(unsigned int i) //定义延时函数
 {
    unsigned int k;
    for(k = 0;k<i;k ++);
 }
    void main(void)             //主函数
    {
        while(1)                //循环检测挡位状态
        {
          if(L_SW == 0)         //判断是否打在左转
                                //向挡
          {
            L_LED = 0;          //满足条件(打在左
                                //转向挡)
            delay(5000);        //控制指示灯完成亮,
                                //延时,灭,延时
            L_LED = 1;          //依靠循环,完成不断
                                //亮灭(闪烁)
            delay(5000);
          }
          if(R_SW == 0)
         {
           R_LED = 0;
           delay(5000);
           R_LED = 1;
           delay(5000);
         }
     }
 }
```

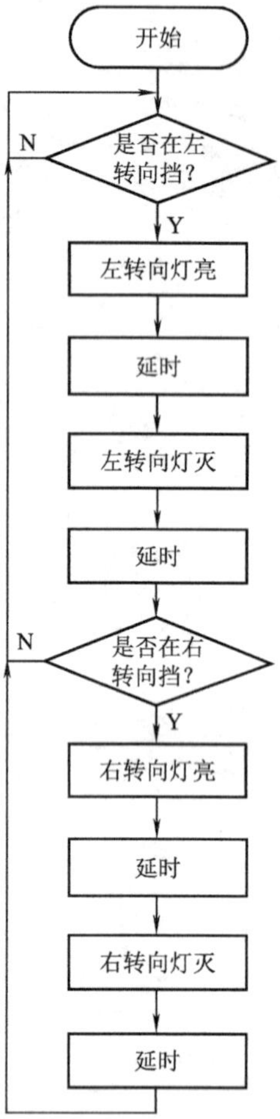

图 3-3 汽车转向灯流程图

小提示

实现灯的闪烁只需在循环中实现灯的一亮一灭。特别注意的是，灯点亮和熄灭都需要保持一定时间，如程序 ex3 - 1 中控制右转向灯闪烁的亮灭程序如下。过高频率的闪烁人眼是分辨不出来的。

```
R_LED = 0;
delay(5000);
R_LED = 1;
delay(5000);
```

三、仿真结果

将 Keil C51 软件编译生成的 hex 文件加载到单片机芯片中。单击“运行”按钮，启动系统仿真，仿真结果如图 3－4 所示。当 SW1 键打到 LEFT 挡（图 3－4 中上端挡位）时，左转向灯 D1 快速闪烁；SW1 键打到 RIGHT 挡（图 3－4 中下端挡位）时（单击开关 SW1 下的红色箭头），右转向灯 D2 闪烁；SW1 键打到 NOP 挡（图 3－4 中中间挡位）时，指示灯停止闪烁，符合设计要求。

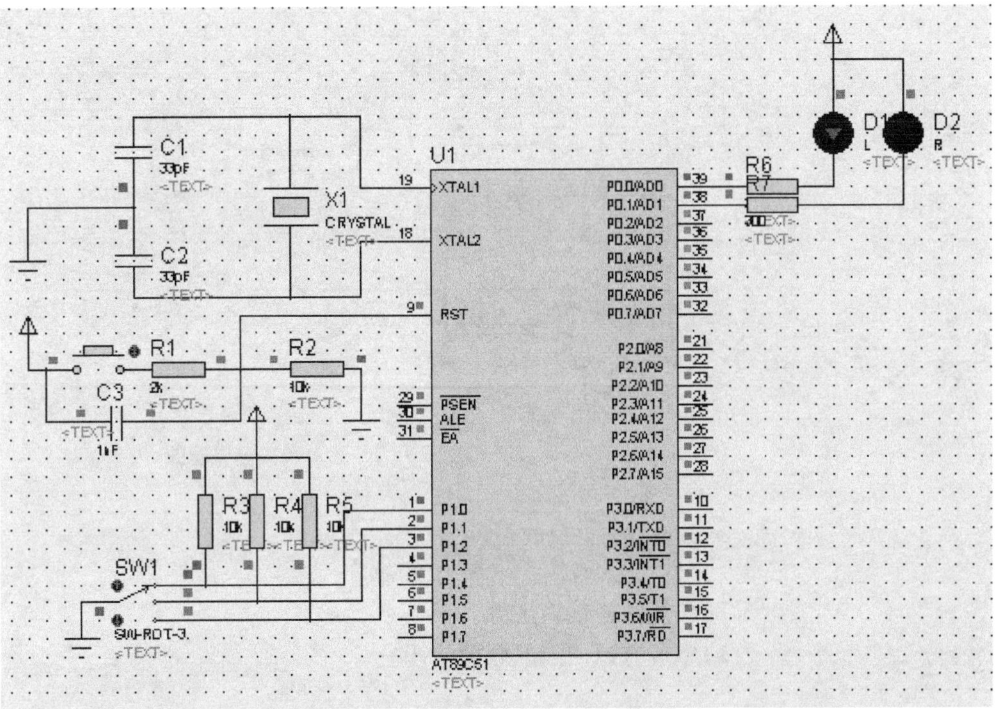

图 3－4 汽车转向灯控制的仿真图

任务 3－2 民主决策——三人表决器的设计

任务要求

如图 3－5 所示，通过 51 单片机实现裁判三人表决器的电气控制系统设计与制作任务。设计要求如下：SW1 为主裁判按键，SW2、SW3 为副裁判按键。主裁判具有否决权，只有在主裁判表决有效时，至少有一名副裁判表决有效，才说明整体表决有效，否则为无效。整体表决有效时，LED1 亮，直流蜂鸣器（BUZZER）发声 2 s（时间精度不做严格要求）；整体表决无效时，直流蜂鸣器通电发声，直至复位解除，但 LED1 不亮。请利用 Proteus 仿真软件搭建电路，用 Keil C51 编写控制程序实现其功能。

扫一扫

三人表决器效果演示

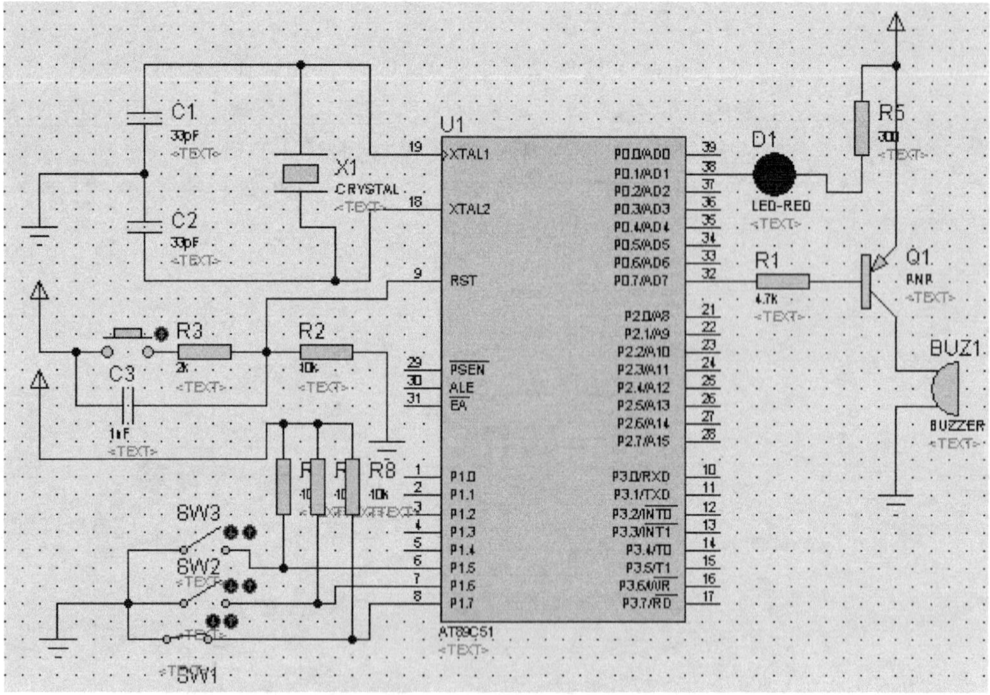

图 3-5　三人表决器原理图

学习目标

(1)熟练掌握逻辑运算。

(2)掌握有返回值的函数使用。

知识储备

关系和逻辑运算是有别于数据运算的一大类运算。在 C 语言中,有丰富的关系运算符。

一、关系运算符

C 语言中的关系运算符有:小于运算符“ < ”、小于或等于运算符“ <= ”、大于运算符“ > ”、大于或等于运算符“ >= ”、判断是否相等的等于运算符“ == ”及不等于运算符“ != ”。

用关系运算符将两个表达式(可以是算术表达式、关系表达式、赋值表达式或逻辑表达式)连接起来的式子,称为关系表达式,格式如下:

表达式　关系运算符　表达式

例如:

```
8 ==4
a! =4
```

关系表达式的值为逻辑值“真”或“假”，以1代表“真”，以0代表“假”。如：

```
a = (8 ==4)    //先进行括号内的关系运算“8 ==4”，显然不成立，该关系表达
               //式的值为“0”，再赋值给变量 a，最终 a 的值为 0
b = (a! =4)    //a 不等于 4 为真，该关系表达式的值为“1”，再赋值给变量 b，
               //最终 b 的值为 1
```

其中，<、<=、>、>=这四个运算符的优先级相同，处于高优先级；==和！=这两个运算符的优先级相同，处于低优先级。此外，关系运算符的优先级低于算术运算符的优先级，而高于赋值运算符的优先级。

二、逻辑运算符

逻辑运算符有逻辑非运算符“！”、逻辑与运算符“&&”、逻辑或运算符“||”，其优先级别按从高到低依次是“逻辑非”、“逻辑与”和“逻辑或”。

用逻辑运算符将一个或多个表达式连接起来，进行逻辑运算的式子，称为逻辑表达式。与逻辑和或逻辑的一般格式如下：

表达式　逻辑运算符　表达式

非逻辑的一般格式如下：

！表达式

小问题

若a=1，b=2，c=3，x=4，y=3，试写出下列各个表达式的值：

(1)a+b>c&&b==c

(2)！a<b&&b！=c||x+y<=3

(3)！(x=a)&&(y=b)&&0

参考答案：(1)0，(2)0，(3)0。

三、位运算符

单片机C51语言支持位运算符，这使其具有了汇编语言的一些功能，能够支持I/O口的位操作，使程序设计具有强大、灵活的位处理能力。C51语言提供了六种位运算符，具体如表3-5所示。（本表所举例子数据假设：A=60，二进制记为0011 1100；B=13，二进制记为0000 1101。）

表3-5　位运算符

运算符	作　　用	实　　例
~	按位取反，即将0变1，1变0	(~A)将得到-67，即为1100 0011，一个有符号二进制数的补码形式
<<	左移，例如：a<<4，a中数值左移动4位，右端补0	A<<2将得到240，即为1111 0000

续表

运算符	作　用	实　例
>>	右移,例如: a >>4, a 中数值右移动4位,对无符号位左端补0。如果 a 为负数,即符号位为1,每右移1位,则左端补充一个1	A >>2 将得到 15,即为 0000 1111
&	按位与,两位都为1则结果为1,有一位为0则结果为0	(A&B) 将得到 12,即为 0000 1100
^	按位异或,两位数值相同为0,相反为1	(A^B) 将得到 49,即为 0011 0001
|	按位或,两位中有一位为1则结果为1,两位都为0则结果为0	(A|B) 将得到 61,即为 0011 1101

表3-5排列顺序是按照由高到低的优先级进行的。位运算符是按位对变量进行运算的,并不改变变量的值,且不能对浮点型数据进行操作。

任务实施

一、硬件电路分析与设计

本任务蜂鸣器和发光二极管的电路设计可参考任务2-1和任务2-2,表决器使用微型自锁小开关模拟,主裁判表决器接P1.7,副裁判表决器分别接P1.5、P1.6。电路图如图3-5所示。

二、源程序设计

本任务用三个开关来模拟三个裁判的三人表决器。其中主裁判有一票否决权,表决情况见表3-6。

表3-6　三人表决器状态表

P1.7(主裁判)	P1.6(副裁判)	P1.5(副裁判)	有效否	LED(P0.1)	蜂鸣器(P0.7)
0	0	0	有	亮(0)	发声2 s(0)
0	0	1	有	亮(0)	发声2 s(0)
0	1	0	有	亮(0)	发声2 s(0)
0	1	1	无	灭(1)	发声(0)
1	0	0	无	灭(1)	发声(0)
1	0	1	无	灭(1)	发声(0)
1	1	0	无	灭(1)	发声(0)
1	1	1	无	灭(1)	发声(0)

三人表决器主程序流程图如图 3-6 所示，程序见 ex3-2.c。

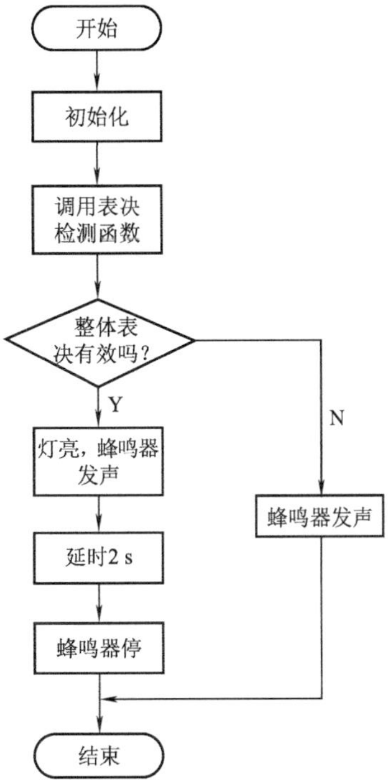

图3-6　三人表决器主程序流程图

```
/*************************************************************************
三人表决器函数,表决后启动单片机
*************************************************************************/
//程序 ex3-2.c
#include <reg51.h>                //包含头文件 reg51.h 定义 51 单片机的专
                                  //用寄存器
 sbit SW3 = P1^5;
 sbit SW2 = P1^6;                 //定义各端口
 sbit SW1 = P1^7;
 sbit LED1 = P0^1;
 sbit BUZ = P0^7;
 void delay(unsigned int i)       //延时函数,参数传递延时长短
 {
  unsigned int k;
  for(k = 0;k < i;k ++);
 }
  bit detection(void)             //表决检测子函数
                                  //有效时返回 1,无效时返回 0
```

```
{
  bit i;
  if(SW1 ==0&&(SW2 ==0 ||SW3 ==0))
  {
   i =1;
  }
  else
  {
   i =0;
  }
  return i;
}

void main(void)                        //主函数
{
   bit k =0;
   k =detection();
   if(k ==1)
   {
    LED1 =0;
    BUZ =0;
    delay(60000);                      //注意数据类型,最大延时参数 65 535
    BUZ =1;
   }
   else
   {
    BUZ =0;
   }
    while(1);
}
```

小提示

单片机把所有的程序执行完之后是再从第一条程序开始重复执行,故需要结束执行的任务可以用“while(1);”作为结束语句。

三、仿真结果

将 Keil C51 软件编译生成的 hex 文件加载到单片机芯片中。主裁判否决(SW1

断开)，两副裁判也否决(SW2、SW3 断开)，单击"运行"按钮，启动系统仿真，直流蜂鸣器(BUZZER)通电发声，LED1 不亮；改变开关状态，蜂鸣器与灯状态不变，直至复位解除。依次检测其他表决无效状态，与此情况相同。SW1 与 SW2 同时闭合时，单击"运行"按钮，LED1 亮，直流蜂鸣器发声 2 s 后停止，仿真效果如图 3-7 所示，依次验证其他表决有效状态，与此情况相同。符合设计目的，实现任务要求。

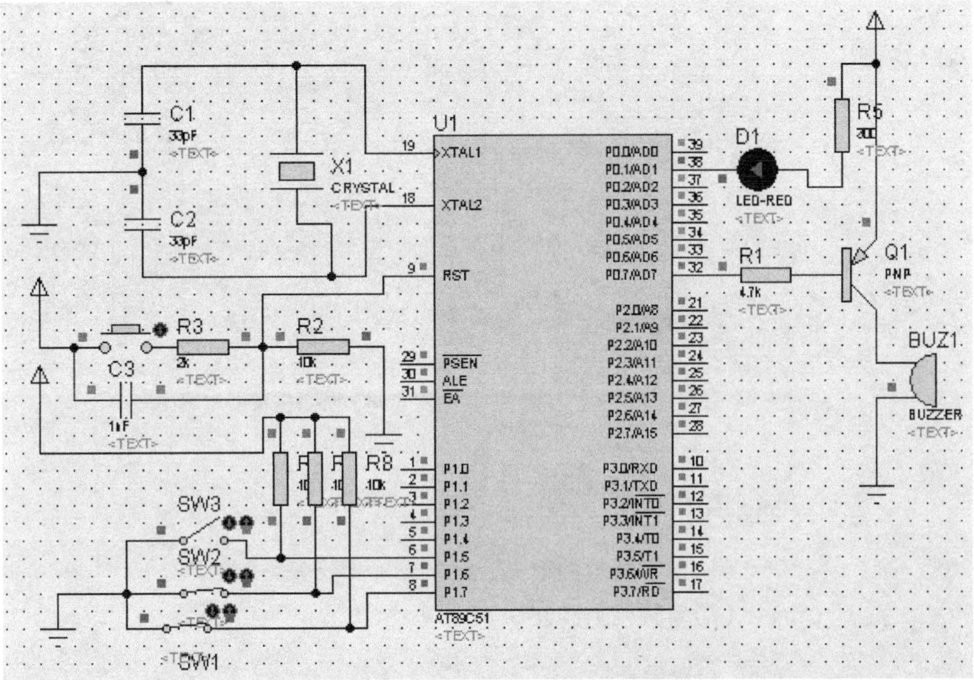

图 3-7　三人表决器电路仿真效果

任务 3-3　防盗利器——防盗报警器的制作

任务要求

如图 3-8 所示，通过 51 单片机实现双路防盗声光报警器的电气控制系统设计与制作任务。设计要求如下：正常时 SW1 为断开状态，SW2 为闭合状态。当小偷翻窗入室，会导致 SW1 闭合或 SW2 断开，同时启动声光报警：直流蜂鸣器(BUZZER)通电发声，LED1 与 LED2 交替闪亮，交替时间为 0.5 s(时间精度不作严格要求)，即 BUZ1 连续发出声音，同时 LED1 亮时，LED2 灭；LED1 灭时，LED2 亮。利用 Proteus 仿真软件搭建电路，用 Keil C51 编写控制程序实现其功能。

扫一扫

防盗报警器效果演示

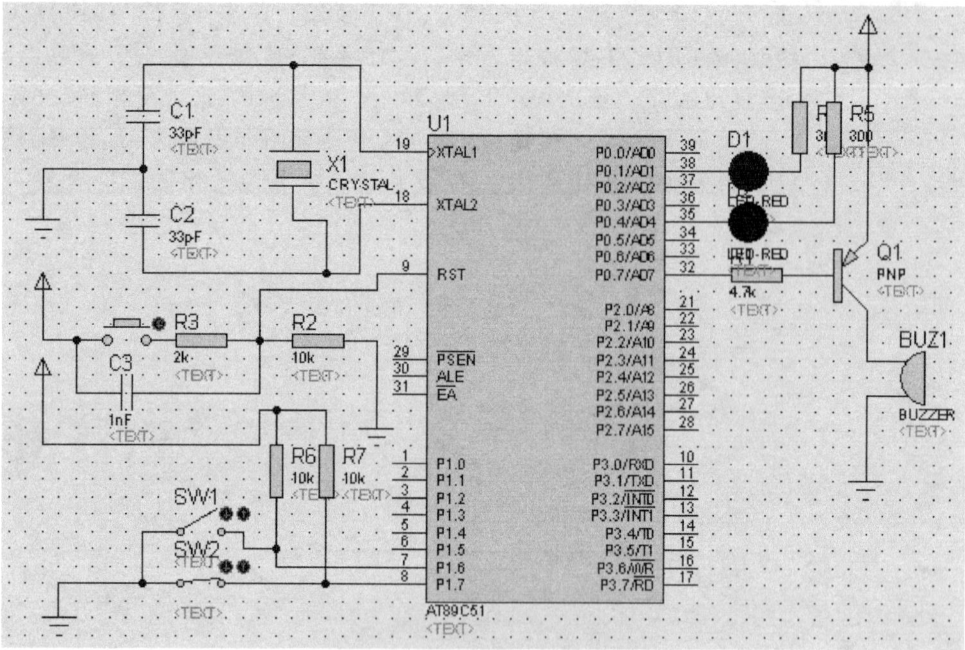

图 3-8　防盗报警器电路图

学习目标

(1)掌握函数的定义。

(2)掌握函数和使用。

知识储备

C 语言程序是由函数组成的。虽然每个程序有且只有一个主函数 main(),但都包括多个具有特殊功能的子函数,因此函数是 C 语言程序的基本模块,通过对函数模块的调用能实现特定的功能。在编写程序时,用户可以把自己的算法编成一个个相对独立的函数模块,然后用调用的方法来使用函数,可以说 C 语言程序的全部工作都是由各式各样的函数完成的,所以也把 C 语言称为函数式语言。由于采用了函数模块式的结构,C 语言易于实现结构化程序设计,该设计能够使程序的层次结构清晰,便于程序的编写、阅读、调试。

一、函数的分类

从 C 语言程序的结构上划分,C 语言函数分为主函数 main()和子函数两种。而对于子函数,从不同的角度或以不同的形式又可分为库函数和用户自定义函数。

1. 库函数

库函数又称标准函数或标准库函数,是由 C51 编译器提供的,用户无须定义,也不必在程序中进行类型说明,只需在程序前给出包含有该函数原型的头文件即可在程序中直接调用。

Keil C51编译器提供了100多个标准库函数供使用。常用的C51库函数包括I/O函数库、标准函数库、字符函数库、字符串函数库,内部函数库、数学函数库和绝对地址访问函数库等。使用库函数会大大地缩短开发时间,并且编程思路清晰而且丰富了程序的功能。每个库函数都在相应的头文件中给出了函数原型声明,在使用时必须在源程序的开始使用预处理命令#include将有关的头文件包含进来,例如:

```
#include <reg51.h>
#include <intrins.h>
```

2. 用户自定义函数

用户自定义函数是由用户按需要写的函数。从函数定义的形式上划分为:无参数函数、有参数函数和空函数。

(1)无参数函数。此类函数被调用时,既没有参数输入,也没有返回结果给调用函数,它是为了完成某种操作而编写的。

(2)有参数函数。在调用此类函数时,必须提供实际的输入参数,必须说明与实际参数一一对应的形式参数,并在函数结束时返回结果供调用它的函数使用。

(3)空函数。此类函数体内无语句。调用此类函数时,什么工作也不做。而定义此类函数的目的并不是为了执行某种操作,而是为了以后程序的扩充。

对于用户自定义函数,不仅要在程序中定义函数本身,而且在主调函数模块中还必须对该被调函数进行类型说明,然后才能使用。

二、函数的定义及调用

在程序中通过对函数的调用来执行函数体,其过程与其他语言的子程序调用相似。下面对函数进行介绍。

1. 函数的定义

函数定义的一般形式如下:

```
函数类型　函数名(形式参数表)
形式参数说明;
{
  局部变量定义;
  函数体语句;
  return 语句;
}
```

1)函数类型

函数类型说明自定义函数返回值的类型。分为两种:有返回值函数和无返回值函数。有返回值函数:此类函数被调用,执行完后将向调用者返回一个执行结果,称为函数返回值,如数学函数。由用户定义的这种要返回函数值的函数,必须在函数定义和函数说明中明确返回值的类型,即将函数返回值的数据类型定义为函数类型。无返回值函数:此类函数用于完成某项特定的处理任务,执行完成后不向调用者返回函数值。这类函数类似于其他语句的执行过程。由于函数无须返回值,用户在定义此类函数时可指定它的返回为"空类型"。空类型的说明符为"void"。例如,前面介绍的无返回值delay()函数,其定义格式为void delay(unsigned int i),见程序ex3-1.c第7行。

小提示

一个函数只能有一个返回值,该返回值是通过函数中的 return 语句获得的。若没有指定返回值的类型,默认返回值为整型。

2)函数名

函数名是自定义函数的名字,函数名必须是合法标识符,各函数名的定义是独立的。

3)形式参数表

形式参数表给出函数被调用时传递数据的形式参数,但形式参数的类型必须说明。如果定义的是无参数函数,可以没有形式参数表,但是圆括号不能省略。

小提示

(1)无参函数:函数定义、函数说明及函数调用中均不带参数。主调函数和被调函数之间不进行参数传送。此类函数通常用来完成一组指定的功能,可以返回或不返回函数值。

(2)有参函数:又称带参函数。在函数定义及函数说明时都有的参数,称为形式参数(简称"形参")。在函数调用时也必须给出的参数,称为实际参数(简称"实参")。进行函数调用时,主调函数得把实参的值传送给形参,供被调函数使用。

如程序 ex3-1.c 中定义的子函数段:

```
1   void delay(unsigned int i)   //定义延时函数,无返回值(void),
                                 //形参 i 类型为 unsigned int
2   {
3     unsigned int k;            //函数体语句
4     for(k=0;k<i;k++);          //函数体语句
5   }
```

4)局部变量定义

局部变量定义是对函数内部的局部变量进行定义,又称内部变量。

5)函数体语句

函数体语句是为实现函数功能而编写的语句。如上述第 3 ~4 行语句。

6) return 语句

return 语句用于返回函数执行的结果。

小提示

(1)函数的值只能通过 return 语句返回主调函数。

(2)函数值的类型和函数定义中函数的类型应保持一致,如果两者不一致,则以函数类型为准,自动进行类型转换。

(3)如函数值为整型,在函数定义时可以省去类型说明。

(4)不返回函数值的函数,可以明确定义为"空类型",类型说明符为"void"。为了使程序有良好的可读性并减少出错,凡不要求返回值的函数都应定义为空类型。

在C语言中,所有的函数定义,包括主函数main()在内,都是平行的。也就是说,在一个函数的函数体内,不能再定义另一个函数,即不能嵌套定义。但是函数之间允许相互调用,也允许嵌套调用。习惯上把调用者称为主调函数。

main()函数是主函数,它可以调用其他函数,而不允许被其他函数调用。因此,C程序的执行总是从main()函数开始的,完成对其他函数的调用后再返回到main()函数,最后由main()函数结束整个程序。一个C语言源程序必须有且只能有一个主函数main()。

小提示

定义函数时,通常加头部注释。函数头部注释应包括函数名称、函数功能、入口参数和出口参数等内容。如有必要,还可增加作者、创建日期及修改记录(备注)等相关项目。函数头部注释放在每个函数的顶端,用"/*……*/"的格式包含。其中函数名称应简写为Name(),不加入口和出口参数等信息。

```
/**********************************************************************
函数名称;
函数功能;
入口参数;
出口参数;
备注:
**********************************************************************/
```

2. 函数的调用

函数调用的一般格式如下:

函数名(实际参数列表)

在一个函数中需要用到某个函数的功能时,就调用该函数,调用者称为主调函数,被调用者称为被调函数。若被调函数是有参函数,则主调函数必须把被调函数所需的参数传递给被调函数,传递给被调函数的数据称为实际参数,简称"实参",若被调函数是无参函数,则调用该函数时可以没有参数列表,但括号不能省。被调函数执行完后再返回主调函数继续执行剩余程序。在实际参数列表中,各个参数之间用逗号隔开,形参与实参要数量相等,类型一致,顺序对应。如程序ex3-1.c中主函数中常调用的延时函数段如下:

```
L_LED=0;            //灯亮
delay(5000);        //调用延时子函数,实参为5000传递给形参i
L_LED=1;            //灯灭
delay(5000);        //调用延时子函数,实参为5000传递给形参i
```

根据被调函数在主调函数中出现的位置,函数调用有三种形式。

1)以函数语句形式调用

被调函数以主调函数的一条语句的形式调用。

例如：

```
P1_0 =0;
delay(5000);
```

2)以函数表达式形式调用

被调函数以一个运算对象的形式出现在一个表达式中。这种表达式称为函数表达式。

例如：

```
c =8*min(a,b);
```

小提示

被调函数必须返回一定的数值，并以该数值参与表达式的运算。

3)以函数参数形式调用

被调函数作为另一个函数的实参或者本函数的实参。

例如：

```
m =min(a,min (b,c));
```

小提示

在一个函数中调用另一个函数必须具备下列条件：

(1)被调函数必须是已经存在的函数(如标准库函数或者用户自己已经定义的函数)。

(2)函数在调用之前必须对函数进行声明(一般在程序头部)。

(3)如果程序使用了标准库函数，则要在程序的开头用#include 预处理命令将调用函数所需要的信息包含在本文件中，如果不是在本文件中定义的函数，在程序开始要用 extern 修饰符进行函数原型说明。

任务实施

一、硬件电路分析与设计

本任务蜂鸣器的驱动电路可参考任务 2 - 1，采用三极管组成开关电路进行放大，可提高单片机 I/O 口驱动能力；报警灯采用 LED，其设计电路借鉴任务 2 - 2；小偷触发机构采用微型自锁小开关模拟，其外形如图 3 - 9 所示，四个引脚两两电气相连，其引脚内部电气关系如图 3 - 10 所示，连接时使用电气不通的一对引脚。开关一引脚接地，一引脚通过上拉电阻接电源，并接单片机 I/O 口。

P1 口的两引脚作为开关信号的输入，可选择 P1.6、P1.7；声光报警信号输出端口分别选择 P0.1、P0.4、P0.7，整体电路设计见图 3 - 8。

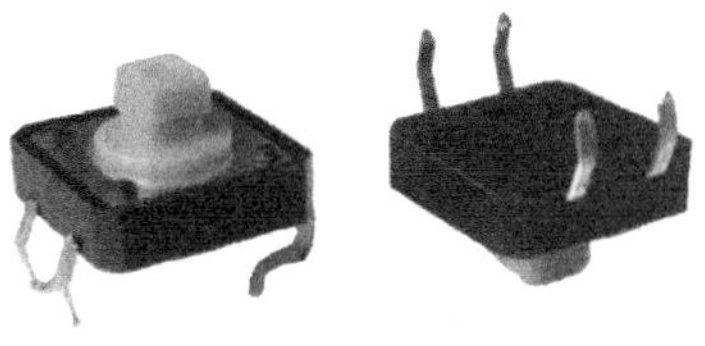

图 3-9　开关外形

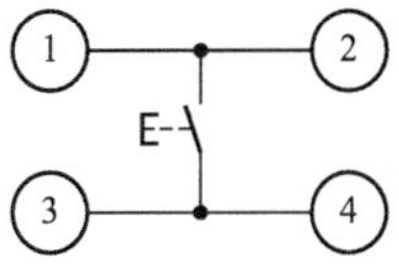

图 3-10　开关引脚内部电气关系

二、源程序设计

根据任务要求，本程序要完成的主要功能有两个：一个是检测小偷是否触发机关，二是启动声光报警，故可分功能编写两个子函数，即检测子函数和声光报警子函数。其中，检测子函数需返回检测的结果，需要返回值。检测结果只有两种情况：有小偷或没有小偷，故返回值是位类型数据。流程图分别如图 3-11 ~ 图 3-13 所示，整体程序见程序 ex3-3.c。

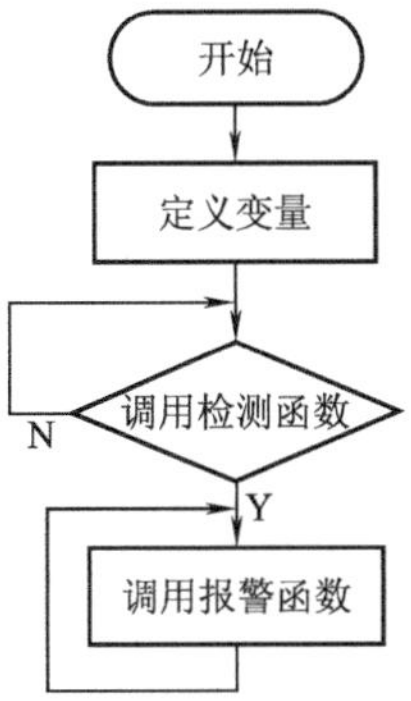

图 3-11　主函数流程图

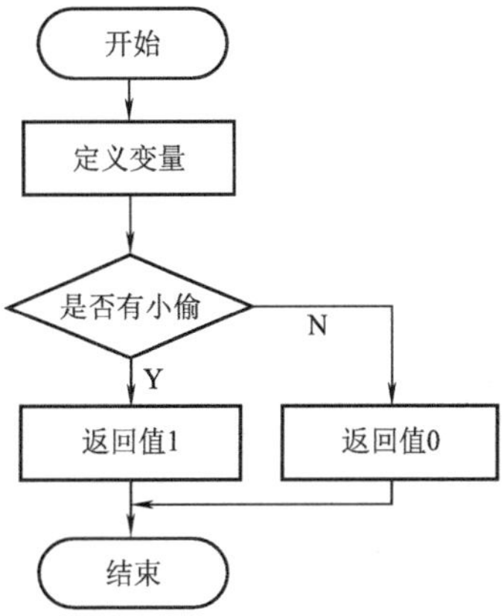

图 3-12　检测子函数流程图

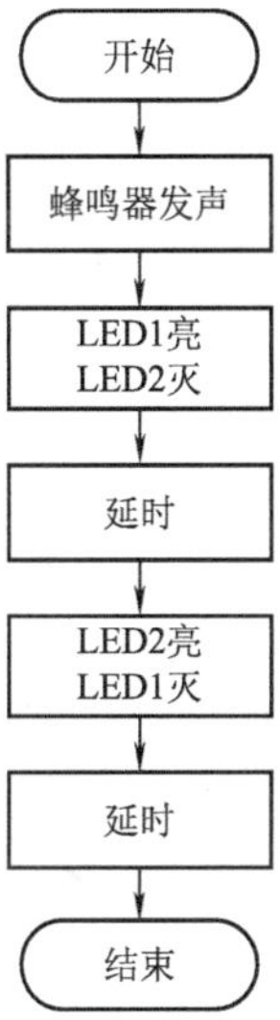

图 3-13　声光报警子函数流程图

```
//程序 ex3-3.c
/**************************************************************************
防盗报警函数，一旦小偷触发报警，将一直启动声光报警，直至复位解除
**************************************************************************/
#include <reg51.h>              //包含头文件 reg51.h 定义 51 单片机的专用
                                //寄存器
sbit SW1 = P1^6;                //定义各端口
sbit SW2 = P1^7;
sbit LED1 = P0^1;
sbit LED2 = P0^4;
```

```
 sbit BUZ = P0^7;
 void delay(unsigned int i)     //延时函数,参数传递延时长短
{
  unsigned int k;
  for(k = 0;k < i;k++);
}
 bit detection(void)            //检测函数,有小偷时返回1,无小偷时返回0
{
   bit i;
   if(SW1 = =1&&SW2 = =0)
   {
     i =0;
   }
   else
   {
     i =1;
   }
   return i;
}
void alarm(void)                //声光报警函数
{
   BUZ =0;
   LED1 =0;
   LED2 =1;
   delay(5000);                 //调用延时函数
   LED1 =1;
   LED2 =0;
   delay(5000);                 //调用延时函数
}
void main(void)                 //主函数
{
  bit k =0;
  while(1)
  {
if(k = detection())             //调用检测函数
{while(1)
  {
     alarm();                   //调用声光报警函数
```

```
      }
     }
    }
   }
```

三、仿真结果

仿真结果如图 3-14 所示。将 Keil C51 软件编译生成的 hex 文件加载到单片机芯片中,SW1 开关为断开状态,SW2 开关为闭合状态,单击“运行”按钮,启动系统仿真,发现两灯熄灭,P0.7 引脚输出高电平(红色指示),蜂鸣器不发声;改变 SW1 开关状态,P0.7 引脚输出低电平(蓝色指示),直流蜂鸣器(BUZZER)通电发声,LED1 与 LED2 交替闪亮,即启动声光报警。此后,模拟恢复到无小偷状态(SW1 断开,SW2 闭合),声光报警依旧;按复位键,声光报警停止。再模拟其他两种小偷触碰开关的状态,均与上述情况一样,达到设计要求。

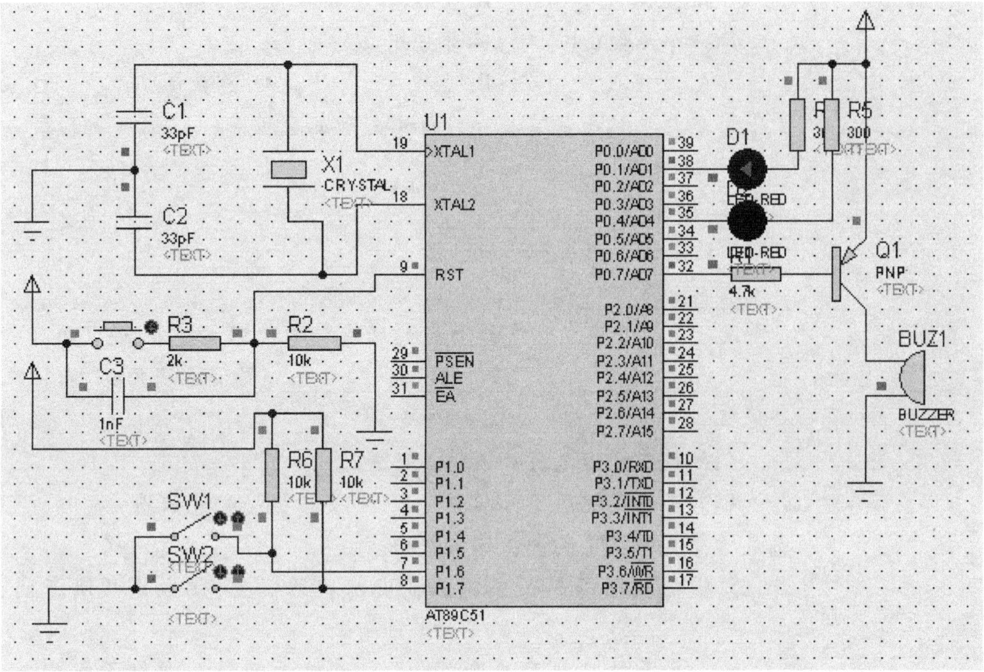

图 3-14 防盗报警器电路的仿真效果

小 结

本项目通过汽车转向灯控制,介绍了逻辑运算的使用,同时进一步熟悉程序的循环结构和分支结构;通过三人表决器的设计掌握逻辑运算和有返回值的函数使用方法;通过防盗报警器的制作,介绍了子函数的定义、调用。通过三个任务的实施,读者可掌握较复杂程序的编写技巧,培养良好的编程习惯。

练习与思考题

一、选择题

1. 下面叙述不正确的是(　　)。

A. 一个C源程序可以由一个或多个函数组成

B. 一个C源程序必须包含一个main()函数

C. 在C程序中,注释说明只能位于一条语句的后面

D. C程序的基本组成单位是函数

2. C程序总是从(　　)开始执行的。

A. 主函数　　B. 主程序　　C. 子程序　　D. 主过程

3. 一个C语言程序就是由一个(　　)和若干个模块化的子函数构成的。C语言程序又称函数式语言。

A. 主函数　　B. 主程序　　C. 子程序　　D. 主过程

4. 一个函数由(　　)两部分组成。

A. 主函数　　B. 主程序　　C. 函数定义　　D. 函数体

5. 单片机C51语言程序设计中处理的数据有(　　)两种形式。

A. 整型　　B. 常量　　C. 变量　　D. 浮点型

二、填空题

1. C51语言的基本语句包括________、________、________、________、________、________、________。

2. C51语言除了具有标准C的所有标准数据类型外,还扩展了一些特殊的数据类型________、________、________和________,用于访问8051的特殊功能寄存器和可寻址位。

3. 函数在调用之前必须对函数进行________。

4. 如果程序使用了标准库函数,则要在程序的开头用________预处理命令将调用函数所需要的信息包含在本文件中。

5. 根据被调函数在主调函数中出现的位置,函数调用有三种形式:________、________、________。

6. 一个函数只能有一个________,该返回值是通过函数中的________语句获得的。

7. 用户自定义函数是由用户按需要编写的函数。从函数定义的形式上划分为________、________和________。

8. 运算符是编译程序执行特定算术或逻辑操作的符号,单片机C51语言和C语言基本相同,主要有________、________和________三大运算符。

9. 变量的存储种类有______、________、________、________四种。

10. P1口只能作为8位漏极开路的________I/O口。

三、上机操作题

利用单片机控制按键和发光二极管,设计一个单键控制单灯亮灭的系统。

项目 4 扩展应用——单片机接口技术

任务 4-1 争先恐后——四路抢答器的设计

任务要求

如图 4-1 所示,通过 51 单片机完成四路抢答器电气控制系统的设计与制作任务。设计要求如下:系统设置单片机复位按钮,主持人按复位键后,才能开始抢答,最先按下的键其键位码(1 ~4)被数码管显示出来,其他按键无效,等候主持人再次按下单片机复位键后,才能进行第二次抢答。利用 Proteus 仿真软件搭建电路,用 Keil C51 编写控制程序实现其功能。

扫一扫

四路抢答器效果演示

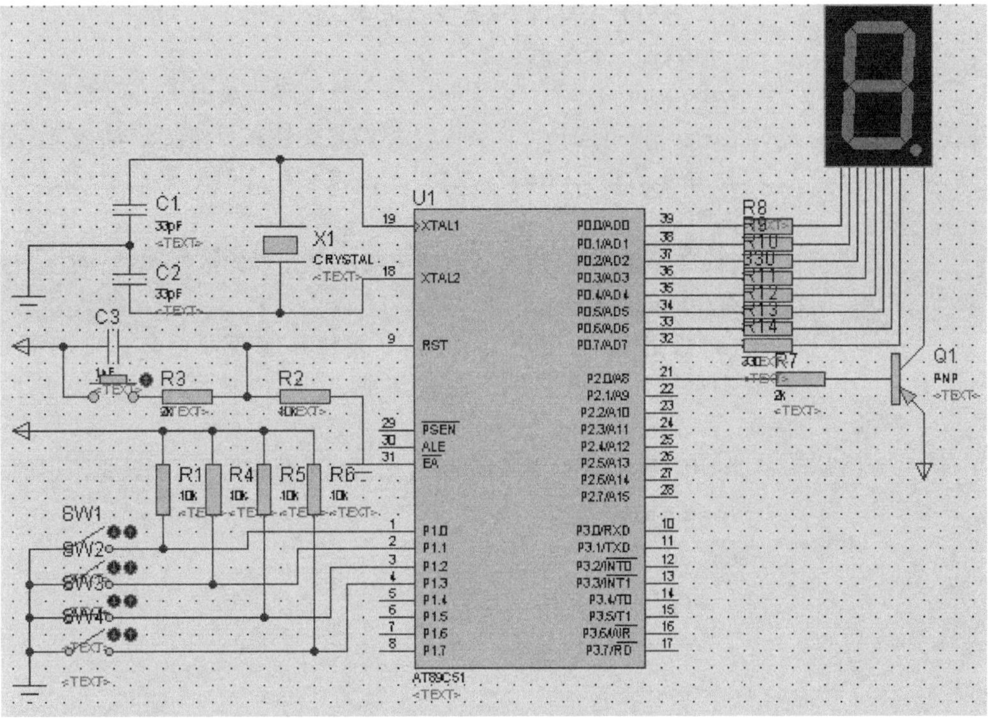

图 4-1 四路抢答器的设计

学习目标

(1)LED 数码管的显示技术。

(2)了解数组的概念,会灵活运用数组。

知识储备

一、数组的概念

数组就是把若干个相同数据类型的元素按一定顺序排列的集合,并把各元素用统一的名字命名,然后用编号进行区分,这个名字称为数组名,编号称为下标。数组中各元素称为数组的分量,又称数组元素,每个数组元素数组名和下标唯一标识。数组可以用相同名字引用一系列变量。当需要处理若干相同类型的数据时,可以缩短和简化程序,便于程序设计。在C语言中,数组属于构造数据类型。按数组元素的数据类型可分为:数值数组、字符数组和指针数组等;按照数组维度可分为:一维数组、二维数组和多维数组等。

1. 一维数组

1)一维数组定义

一维数组就像数学中的数列,各元素排成一排,只需一个下标就可以确定数组元素的相对位置。程序设计时,要想使用数组,必须先要对其进行定义。

一维数组定义形式如下:

```
类型说明符  数组名[常量表达式1];
```

一维数据定义举例:

```
int name[6];                //定义整型数组name,有6个元素
float a_6[10];              //定义浮点型数组a_6,有10个元素
char i,n[8],pag[1+2];       //定义字符型变量i,数组n,数组pag
```

说明:

(1)类型说明符:定义了数组中每一个元素的数据类型,同一个数组,所有数组元素具有相同的数据类型。

(2)数组名:由用户定义,但不能与其他变量重名。命名规则遵循标识符命名规则(由字母、数字和下画线组成,第一位必须是字母或者下画线,不能是数字)。

在以下程序段中,因为定义数据名和变量名相同,所以是错误的。

```
void main()
{
  int num;
  int num[8];
  ……
}
```

(3)常量表达式:表示数组长度,即数组元素的总个数,可以为常量或符号常量,不能为变量。数组定义后其长度固定,不能改变。

在以下两段程序段中,左边因为定义数据时数组长度是变量,所以是错误的;右边为正确的定义。

```
void main()
{
  int a;
  int num[a];
  ……
}
```

```
#define NAS 3
void main()
{
  int num[NAS];
   ……
}
```

2)数组元素的引用

数组元素是组成数组的基本单元,必须先定义数组,才能使用数组元素。C语言中使用数组时不能一次引用整个数组,只能对数组元素进行依次引用。

数组元素的一般格式如下:

数组名[下标]

说明:

(1)下标表示元素在数组中的位置,只能是整型常量或整型表达式。

(2)下标不能越界。

例如:

```
int c [6];//定义整型数组c,有6个数组元素;
```

数组元素分别为c[0]、c[1]、c[2]、c[3]、c[4]、c[5],其中0、1、2、3、4、5称为下标,注意下标从0开始,c[6]下标越界,不是该数组元素。

3)一维数组初始化

数组的初始化是指在定义数组时对数组元素进行赋值,一般格式如下:

类型说明符　数组名[数组长度]={各数组元素值};

例如:

```
int n[5]={10,1,2,3,4,};//各数组元素之间用“,”则n[0]=10,n[1]=1,
                        //n[2]=2,n[3]=3,n[4]=4
```

数组初始化有以下两种方法:

(1)对全部数组元素赋初值。

例如:

```
char a[8]={1,2,3,4,5,6,7,8};
```

此时数组定义中数组长度可以省略不写,根据数组元素的个数判断其长度。

例如:

```
char b[]={1,2,3,4,5};//等价于char b[5]={1,2,3,4,5};
```

(2)对部分数组元素赋初值。

例如:

```
char a[8]={1,2,3};  //表示只给前三个数组元素赋初值,其余元素值为0。
                    //即a[0]=1,a[1]=2,a[2]=3,a[3]=0,a[4]=0,
                    //a[5]=0,a[6]=0,a[7]=0
```

2. 二维数组

1)二维数组定义及数组元素的引用

二维数组就像数学中的矩阵,各元素先排成排,各排再排成列。需要两个下标才能唯一确定出数组元素。二维数组定义形式如下:

类型说明符　数组名[常量表达式1][常量表达式2];

说明:

(1)常量表达式1:表示第一维下标长度(行数)。

(2)常量表达式2:表示第二维下标长度(列数)。

```
int c1[2][4];  //定义一个2行4列的数组c1,共8个元素
```

二维数组元素的一般表示形式如下:

数组名[下标1][下标2]

说明:

(1)下标1为行标,下标2为列标,共同确定元素在数组中的位置,只能是整型常量或整型表达式。

(2)下标不能越界。

2)二维数组初始化

(1)对全部数组元素赋初值。

例如:

```
char b[2][4]={{1,2,3,4},{5,6,7,8}};
char b[2][4]={1,2,3,4,5,6,7,8};
char b[][4]={1,2,3,4,5,6,7,8};
```

以上赋值都是合法的,且赋值后数组元素都是$\begin{pmatrix}1234\\5678\end{pmatrix}$。

(2)对部分数组元素赋初值,未赋值元素自动取0。

分行赋值:

int c[2][3]={{1,2},{5,6}};//赋值后数组各元素为$\begin{pmatrix}120\\560\end{pmatrix}$。

或

int c[2][3]={{1},{5,6}};//赋值后数组各元素为$\begin{pmatrix}100\\560\end{pmatrix}$。

按行连续赋值:

int c[2][3]={0,1,2,3};//赋值后数组各元素为$\begin{pmatrix}012\\300\end{pmatrix}$。

3. 字符型数组

字符型数组也可以是一维数组或二维数组,它的数组元素都是字符型变量。字符型数组的定义、引用和初始化方法与一维数组相同。

例如:

```
char num[5];                              //定义字符型数组num,数组中有
                                          //5个数组元素
char num[5]={'h','a','p','p','y'};  //数组初始化
```

注:数组元素值由''括起。若只对部分元素赋值,则未赋值元素系统赋予空格字

符'\0'。

也可用字符串常量赋值,例如:

```
char num[5] = {"happy"};
```

或

```
char num[5] = "happy";
```

二、LED 数码管的显示技术

在单片机应用系统中,LED 数码管是单片机应用系统中最基本的输出设备,经常用于显示单片机应用系统的工作状态和运算结果等信息。

1. LED 认识

单个 LED 数码管的外形图和外部引脚图如图4-2所示。LED 数码管由8个发光二极管(简称"发光段")构成,通过不同的发光段组合可用来显示数字0~9、字符A~F、H、L、P、R、U、Y、符号"-"及小数点"."等信息。

(a) 外形图

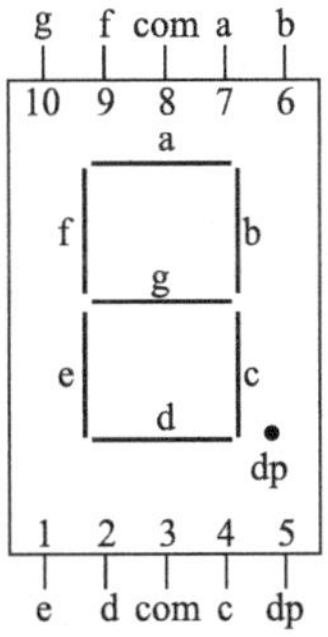

(b) 外部引脚图

图4-2　数码管外形图

LED 数码管由多个发光二极管构成,按照包含发光二极管个数分为七段数码管和八段数码管(八段数码管比七段数码管多一个发光二极管,即小数点显示)。通过控制发光二极管的亮灭组合,可以显示各种数字和字符。

1) LED 数码管的工作原理

LED 数码管可分为共阳极和共阴极两种结构。

共阳极数码管的内部结构如图4-3(a)所示,八个发光二极管的阳极连接在一起,作为公共控制端(com),接高电平。阴极作为"段"控制端,当某段控制端为低电平时,该段对应的发光二极管导通并点亮。通过点亮不同的段,显示出不同的字符,如显示数字"1"时。b、c两端接低电平,其他各端接高电平。

共阴极数码管的内部结构如图4-3(b)所示。八个发光二极管的阴极连接在一起,作为公共控制端(com),接低电平。阳极作为"段"控制端,当某段控制端为高电平时,该段对应的发光二极管导通并点亮。

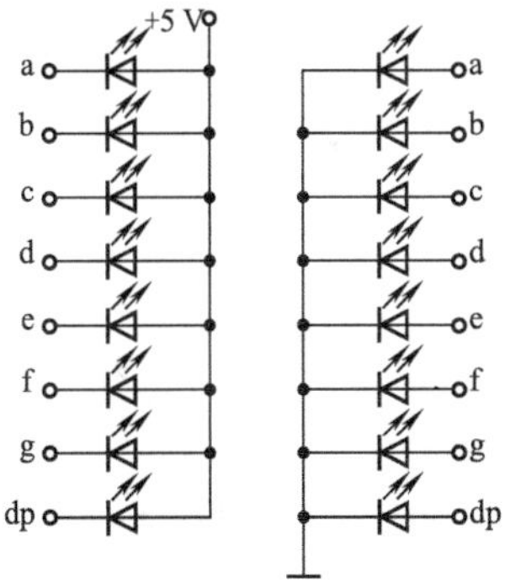

(a) 共阳极　(b) 共阴极

图4-3　数码管内形结构图

小问题

如何判断数码管的结构是共阳极还是共阴极？如何用指针式万用表测试数码管极性及好坏？

答：根据图 4-3，通过判断任意段与公共端连接的二极管的极性就可以判断出是共阳极数码管还是共阴极数码管。

首先将指针式万用表放置在电阻测量方式上，假设数码管是共阳极的，那么将指针式万用表的表内电源正极（黑表笔）与数码管的 com 端相接，然后用指针式万用表的表内电源负极（红表笔）逐个接触数码管的各段，数码管的各段将逐个点亮，则说明数码管是共阳极的；如果数码管的各段均不亮，则说明数码管是共阴极的，也可将指针式万用表的红黑表笔交换连接后再测试。如果数码管只有部分段点亮，而另一部分不亮，则说明数码管已经损坏。

2）LED 数码管字型编码

使用数码管时仅点亮数码管是不够的，还要控制其显示出相应的数字或字符。通过上面的分析可知，当对段控制端赋予相应的段码（又称字型编码），数码管将可以显示字符。如果将单片机 P1 口的 P1.0 ~ P1.7 八个引脚依次与数码管的 a ~ g、dp 八个段控制引脚相连且使用的是共阳极数码管，com 端接 +5 V，若要在共阳极数码管上显示数字“0”，则需要将数码管的 a ~ f 六个段点亮，其他段熄灭，需要向 P1 口传输数据 11000000（0xC0），该数据就是与字符 0 对应的共阳极数码管的字型编码。如果使用的是共阴极数码管，com 端接地，若要在共阴极数码管上显示数字“1”，就要把数码管的 b、c 两段点亮，其他段熄灭，因此，要向 P1 口传输数据 00000110B（0x06），这就是与字符 1 对应的共阴极数码管的字型编码。表 4-1 列出共阳极和共阴极数码管的字型编码。

表 4-1　共阳极和共阴极数码管的字型编码

显示字符	共阳极数码管									共阴极数码管								
	dp	g	f	e	d	c	b	a	字型编码	dp	g	f	e	d	c	b	a	字型编码
0	1	1	0	0	0	0	0	0	0xC0	0	0	1	1	1	1	1	1	0x3F
1	1	1	1	1	1	0	0	1	0xF9	0	0	0	0	0	1	1	0	0x06
2	1	0	1	0	0	1	0	0	0xA4	0	1	0	1	1	0	1	1	0x5B
3	1	0	1	1	0	0	0	0	0xB0	0	1	0	0	1	1	1	1	0x4F
4	1	0	0	1	1	0	0	1	0x99	0	1	1	0	0	1	1	0	0x66
5	1	0	0	1	0	0	1	0	0x92	0	1	1	0	1	1	0	1	0x6D
6	1	0	0	0	0	0	1	0	0x82	0	1	1	1	1	1	0	1	0x7D
7	1	1	1	1	1	0	0	0	0xF8	0	0	0	0	0	1	1	1	0x07
8	1	0	0	0	0	0	0	0	0x80	0	1	1	1	1	1	1	1	0x7F
9	1	0	0	1	0	0	0	0	0x90	0	1	1	0	1	1	1	1	0x6F
A	1	0	0	0	1	0	0	0	0x88	0	1	1	1	0	1	1	1	0x77
B	1	0	0	0	0	0	1	1	0x83	0	1	1	1	1	1	0	0	0x7C
C	1	1	0	0	0	1	1	0	0xC6	0	0	1	1	1	0	0	1	0x39
D	1	0	1	0	0	0	0	1	0xA1	0	1	0	1	1	1	1	0	0x5E
E	1	0	0	0	0	1	1	0	0x86	0	1	1	1	1	0	0	1	0x79

续表

显示字符	共阳极数码管									共阴极数码管								
	dp	g	f	e	d	c	b	a	字型编码	dp	g	f	e	d	c	b	a	字型编码
F	1	0	0	0	1	1	1	0	0x8E	0	1	1	1	0	0	0	1	0x71
H	1	0	0	0	1	0	0	1	0x89	0	1	1	1	0	1	1	0	0x76
L	1	1	0	0	0	1	1	1	0xC7	0	0	1	1	1	0	0	0	0x38
P	1	0	0	0	1	1	0	0	0x8C	0	1	1	1	0	0	1	1	0x73
R	1	1	0	0	1	1	1	0	0xCE	0	0	1	1	0	0	0	1	0x31
U	1	1	0	0	0	0	0	1	0xC1	0	0	1	1	1	1	1	0	0x3E
Y	1	0	0	1	0	0	0	1	0x91	0	1	1	0	1	1	1	0	0x6E
-	1	0	1	1	1	1	1	1	0xBF	0	1	0	0	0	0	0	0	0x04
熄灭	1	1	1	1	1	1	1	1	0xFF	0	0	0	0	0	0	0	0	0x00

2. LED 的静态显示技术

数码管的静态显示方式是指将各位数码管的公共端连接在一起固定接地或 +5 V,每个数码管的段控制端(a ~ g、dp)分别连接到单片机的一个 8 位 I/O 口。确定显示字符后,由单片机 I/O 口输出字型编码,控制数码管显示相应内容,此时各位数码管相互独立,稳定显示,直到接收到新的字型编码为止。

图 4-4 是两位共阳极数码管静态显示方式下与单片机的接口电路,分别由 P1 口、P2 口来控制数码管,两位数码管 com 端一起接在 +5 V 电源上。采用静态显示方式,较小的电流就可获得较强的亮度,且占用 CPU 时间少,编程简单,便于监测和控制。但由于 I/O 口限制,静态显示技术能控制的数码管非常有限,在需要控制显示较多数据时,可采用动态显示技术(在任务 8 -2 中介绍)。

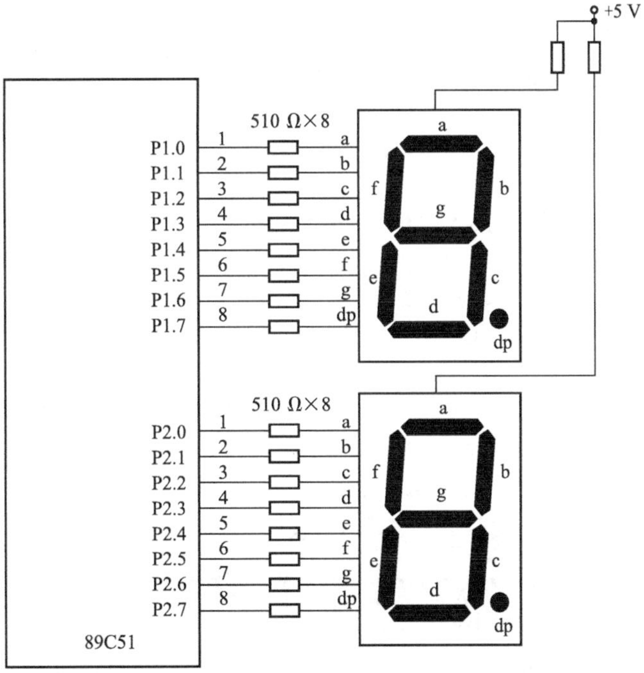

图 4-4 两位共阳极数码管静态显示接口电路

任务实施

一、硬件电路分析与设计

本任务只利用单片机实现四路抢答器的控制。四个抢答器可选择任务 3-2 的微动开关,通过上拉电阻接电源。所需显示的抢答结果只有一位数码,故可以用数码管静态显示技术,采用共阳极数码管。其整体设计电路如图 4-1 所示。

二、源程序设计

本程序实现对四个开关(抢答器)的开关状态(高、低电平)进行检测,并通过数码管显示闭合(低电平)的开关序号。程序可以循环检测开关(抢答器)是否按下,如检测到有人抢答,就向 P0 端口送相应字符编码,结束程序,其流程图如图 4-5 所示。

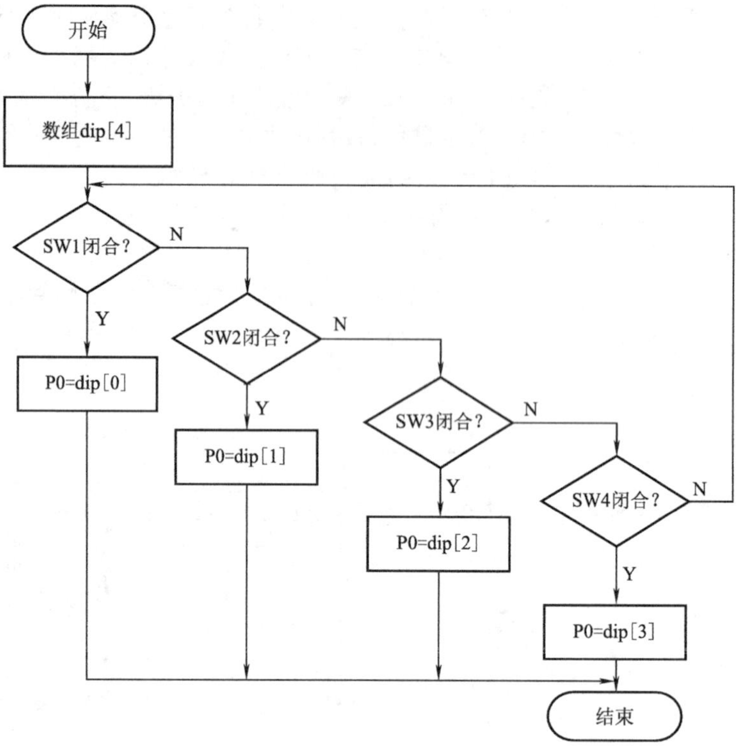

图 4-5 四路抢答器流程图

程序如下:

```
/*****************************************
四路抢答器函数,一旦抢答,显示相应编号,直至复位解除
*****************************************/
//程序 ex4-1.c
#include <reg51.h>                //包含头文件 reg51.h 定义 51 单片机的
                                  //专用寄存器
```

```
sbit SW1 = P1^0;                //定义各选手抢答端口
sbit SW2 = P1^1;
sbit SW3 = P1^2;
sbit SW4 = P1^3;
sbit P2_0 = P2^0;               //数码管 com 端,为 0 时数码管正常工作
unsigned char dis[] = {0xF9,0xA4,0xB0,0x99};
void main(void)                 //主函数
{
  P2_0 = 0;
    while(1)
    {
        if(SW1 == 0)            //调用检测函数

        {P0 = dis[0];
         while(1);
        }
        else if(SW2 == 0)       //调用检测函数

        {P0 = dis[1];
         while(1);
        }
        else if(SW3 == 0)       //调用检测函数

        {P0 = dis[2];
         while(1);
        }
        else if(SW4 == 0)       //调用检测函数

        {P0 = dis[3];
         while(1);
        }
    }
}
```

三、仿真结果

将 Keil C51 软件编译生成的 hex 文件加载到单片机芯片中。单击“运行”按钮,启

动系统仿真,仿真结果如图 4-6 所示。按下 SW1,数码管显示 1,再按下 SW2 等,数码管依然显示 1,即只显示最先抢答的选手序号;打开开关 SW1,复位系统,再按下 SW2,数码管显示 2,依然只显示最先抢答的选手序号;依次测试 SW3、SW4,均符合设计要求。图 4-6 是三号选手抢答时的仿真效果。

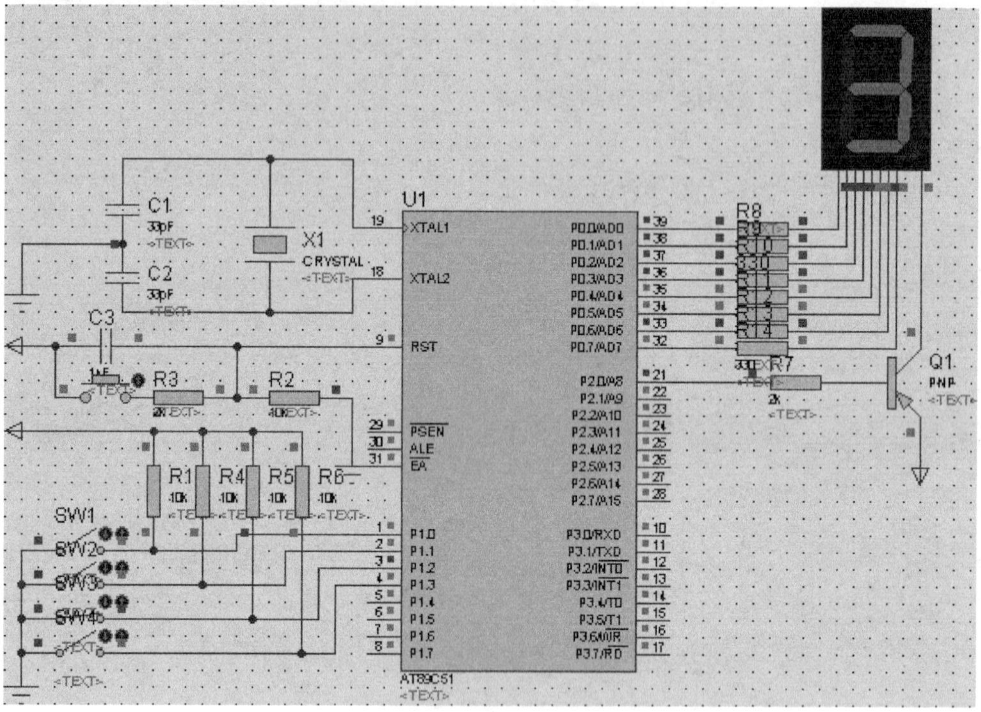

图 4-6　四路抢答器电路仿真效果

任务 4-2　按劳分配——工件计数系统的设计

扫一扫

工件计数系统效果演示

任务要求

如图 4-7 所示,通过 51 单片机实现生产线货物自动计数系统的电气控制系统的设计与制作任务。设计要求如下:当自动检测开关 SW1 检测到有工件通过时,马上闭合,然后断开。请利用这一特点实现自动流水线货物(SW1 接通次数)计数(0~9)设计,并用数码管显示计数量。利用 Proteus 仿真软件搭建电路,用 Keil C51 编写控制程序实现其功能。

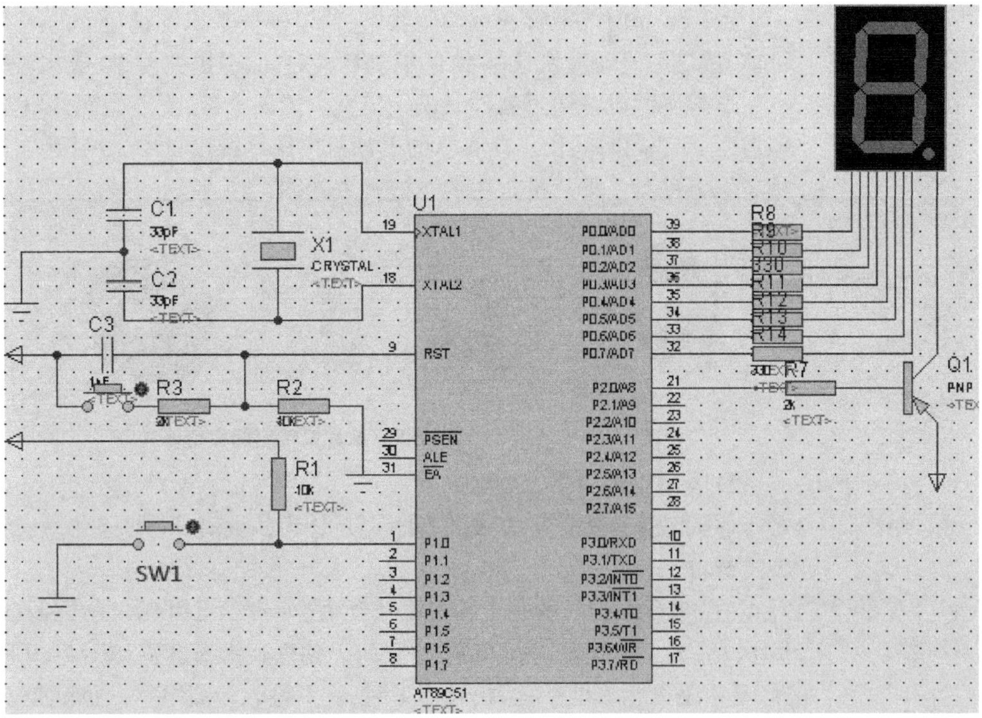

图 4-7　计数系统参考电路

学习目标

(1)进一步熟悉数码管显示技术及数组的运用。

(2)了解按钮外形、原理与选择。

(3)了解硬件去抖,掌握软件去抖。

知识储备

单片机应用系统应具有人机对话功能,除了通过 LED 数码管等设备输出系统运行状态与运行结果外,控制人员还应该能随时向应用系统发出控制命令,以及向系统输入数据。因此,应用系统的硬件电路板上应设有按键或键盘,如按键复位电路中的按键、功能转换的功能键以及输入数据的数字键等。

一、键盘及识别技术

1. 常见按键的种类

按键按照结构原理可分为两类:一类是触点式开关按键,如机械式开关、导电橡胶式开关等;另一类是无触点开关按键,如电气式按键、磁感应按键等。前者造价低,后者寿命长。按键按照接口原理可分为编码键盘与非编码键盘两类,这两类键盘的主要区别是识别键符及给出相应键码方法有所不同。编码键盘主要是用硬件来实现对按键的识别的,其硬件结构复杂;非编码键盘主要是由软件来实现按键的定义与识别的,其硬件结构简单,但软件编程量大。

编码键盘内部带有硬件编码器，它通过硬件来识别键盘上的闭合键。优点是工作可靠、按键编码速度快且基本不占 CPU 的时间，但电路复杂、成本较高。

非编码键盘是通过软件来识别键盘上的闭合键，优点是硬件电路简单、成本较低，但占用 CPU 的时间长。在实际的单片机应用系统设计中，往往为了降低成本，大多采用非编码键盘。单片机常用的按键开关如图 4-8 所示。

图 4-8　单片机常用的按键开关

2. 接口电路

非编码键盘按连接方式的不同主要分为两大类：一类是独立式键盘，另一类是矩阵式键盘。

(1)独立式键盘的每个按键都单独占有一根 I/O 口线，每根 I/O 口线不影响其他 I/O 口线的工作状态，它们都是独立的。独立式键盘电路如图 4-9 所示。当按下键 1 时，键 1 输入为低电平；当松开键 1 时，键 1 输入为高电平。也就是说，无键按下时，各输入线为高电平；有键按下时，相应的输入线为低电平。独立式键盘的硬件电路简单，但每个按键都要单独占有 I/O 口线。如果按键数量很多时，I/O 口线浪费多，故只在按键数量不多时，采用这种电路。在此电路中，按键输入都设置为低电平有效，上拉电阻保证了按键断开时，I/O 口线有确定的高电平。

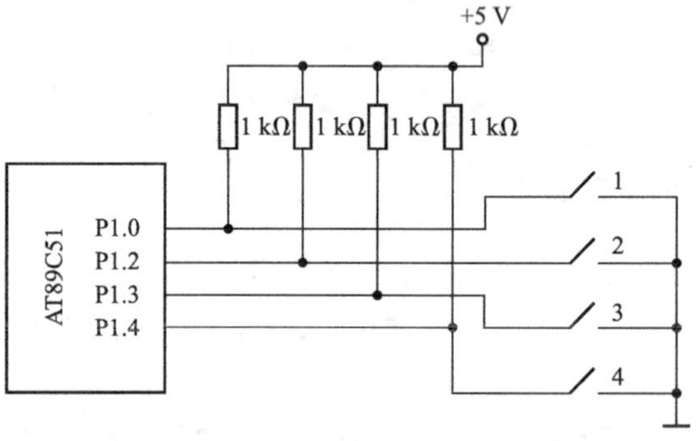

图 4-9　独立式键盘电路

在前述的四路抢答器任务中(任务 4-1)采用的就是独立式键盘连接方式。

(2)矩阵式键盘(又称行列式键盘)接口电路如图 4-10 所示。其为 4×4 的键盘结构。此键盘结构如果要采用独立式键盘结构，就需要 16 根I/O 口线，而采用 4×4 的键盘结构，仅需要 8 根接口线。图 4-11 中键盘的行线 $X_0 \sim X_3$通过电阻接 +5 V。

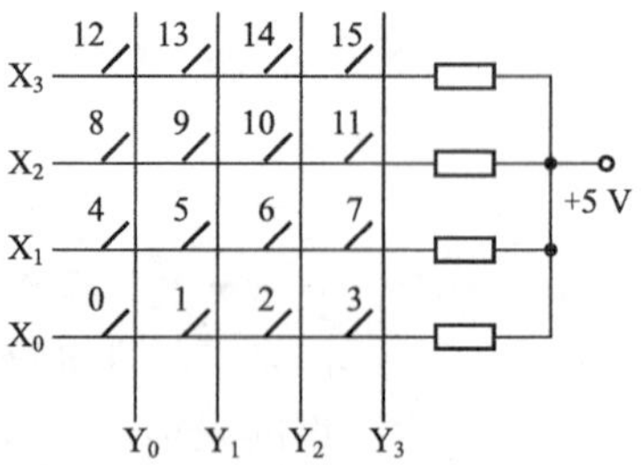

图 4-10　矩阵式键盘接口电路

当键盘上没有键闭合时，所有的行线和列线都断开，行线都呈高电平。当键盘上某一个键闭合时，该键所对应的行线和列线被短路。例如10号键被按下闭合时，行线X_2和列线Y_2被短路，此时X_2的电平由Y_2的电位决定。

3. 矩阵式键盘的识别

矩阵式键盘的识别方法常用的有逐列扫描法和行列反转法。

(1)逐列扫描法：首先判断是否有按键按下，开始时设置所有的列线$Y_3 \sim Y_0$为低电平，当无键按下时，因各行线与各列线相互断开，各行线均保持高电平；当有键按下时(如1号键按下)，则相应的行线(X_0)与列线(Y_1)相连，该行线(X_0)变为低电平，由此可见判断是否有按键按下的步骤如下：

第一步使列线$Y_0Y_1Y_2Y_3=0000$扫描行线$X_0X_1X_2X_3$；若$X_0X_1X_2X_3=1111$，则无键按下；若非全1，则进行下一步。

第二步逐列扫描。先使列线Y_0为低电平"0"，其余三根列线Y_1、Y_2、Y_3都为高电平"1"，读行线状态。如果X_0、X_1、X_2、X_3都为高电平，则Y_0这一列上无键按下，如果读出的行线不全为高电平，则为低电平的行线和Y_0相交的键处于闭合状态。如果Y_0这一列上无键按下，接着使列线Y_1为低电平，其余列线为高电平，用同样方法检查在Y_1这一列上是否有键按下。按此方法逐列扫描。

(2)行列反转法：行列反转法的基本原理是通过行、列端口输出两次相反的值，再将分别读入的行值和列值进行求和或按位"或"运算，得到每个键的扫描码。

首先向所有的列线上输出低电平，行线输出高电平，然后读入行信号电平。如果16个按键中无键按下，则读入的行信号电平全是高电平；如果任意一个键被按下，则读入的行信号电平不全为高电平，记录此时的行值。

其次向所有的列线上输出高电平，行线输出低电平，读入所有的列信号，并记录此时的列值。

最后将行值和列值合并成扫描码，通过查询扫描码表的方法得出键值。

二、按键去抖技术

键盘是按照一定规则排列起来的一组按键的集合，而每一个按键实质上就是一个开关。

目前，无论是按键还是键盘，大多数都是利用机械触点实现闭合、断开动作的。机械触点由于弹性作用的影响，在按键闭合及断开的瞬间都有抖动现象，如图4-11所示。抖动时间的长短与开关的机械特性有关，一般为5~10 ms，为了保证CPU对按键的闭合仅做一次键输入处理，必须去除抖动的影响，也就是去抖问题。去抖可以采用硬件去抖或软件去抖方式。硬件去抖是通过采用外加元件来消除干扰抖动杂脉冲波的，通常采用电容滤波、单稳延时电路等。图4-12所示为电容滤波去抖电路。为简化电路，降低成本，通常采用软件去抖方式。

软件去抖是检测出按键闭合后执行一个延时程序，5~10 ms的延时，让前沿抖动消失后再一次检测按键的状态，如果仍保持闭合状态电平，则确认为真正有键按下。当检测到按键释放后，也要给5~10 ms的延时，待后沿抖动消失后才能转入该键的处理程序。

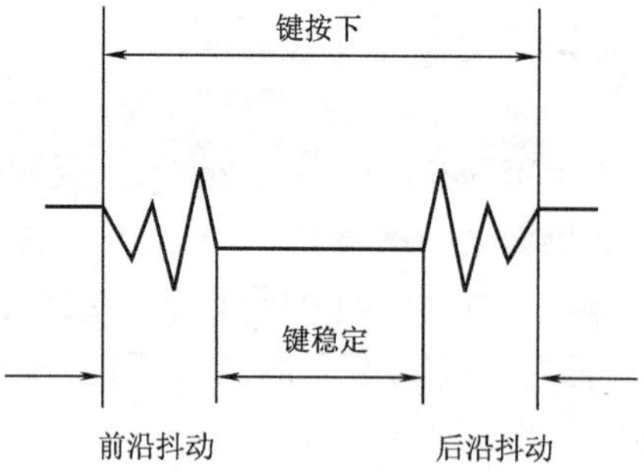

图4-11 按键闭合及断开瞬间的抖动现象

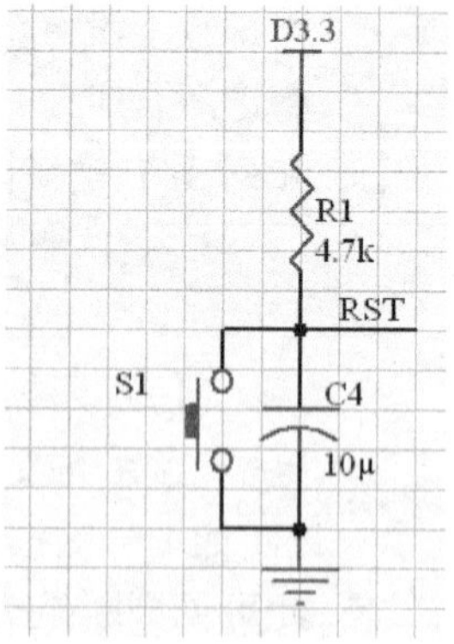

图4-12 电容滤波去抖电路

一般来说,软件去抖的方式是不断检测按键值,直到按键值稳定。实现方法:假设未按键时输入为1,按键后输入为0,抖动时不定。可以做以下检测:检测到按键输入为0之后,延时5~10 ms,再次检测;如果按键还为0,那么就认为有按键按下。延时的5~10 ms恰好避开了抖动期。如下程序段为检测SW1按键的按下次数,并保存在变量i中。

```
if(SW1 ==0)
{
    delay(100);
    if(SW1 ==0)
    {
      i++;
    }
}
```

小问题

为什么在前述任务中开关未采取去抖措施?

答:抖动影响的是需要准确记录按键(开关)按下次数的任务,前述任务按键按下的次数不影响任务的实施,故为简化硬件电路和程序,未采取去抖措施。

任务实施

一、硬件电路分析与设计

本任务只利用单片机实现工件计数(0~9)功能,用数码管显示出计数结果。利用按钮模拟计数传感器,按钮采用独立式按键方式,通过上拉电阻接电源。本任务需要准确判断按键次数,故需要采用去抖技术,考虑节约成本,采用软件去抖方式。显示数码管采用共阳极数码管,静态显示技术。其整体设计电路见图4-7。

二、源程序设计

本程序实现对工件的计数并显示功能,计数需要进行软件去抖,并限制计数范围在0~9,其计数子函数流程图如图4-13所示。主函数循环调用计数子函数,送显字型编码,流程图如图4-14所示。完整参考程序见ex4-2.c。

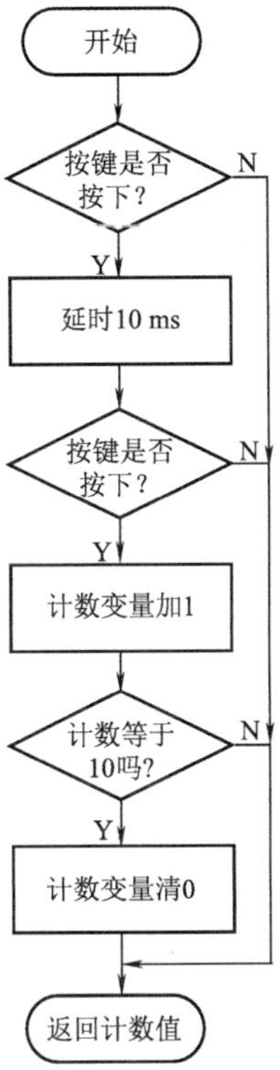

图4-13 计数子函数流程图

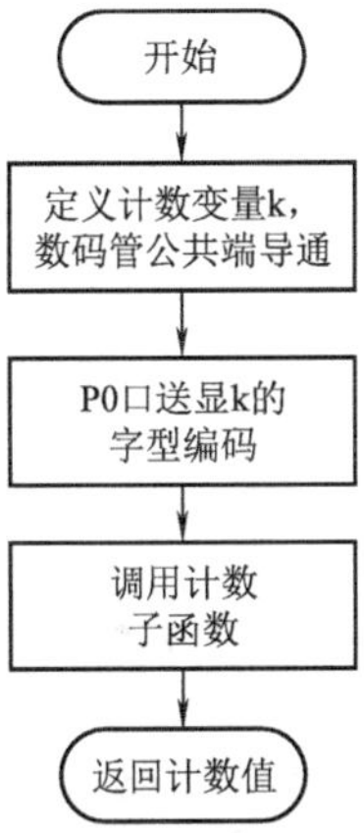

图4-14 计数主函数流程图

```
/*****************************************
计数器函数,利用按钮模拟传感器,计工件数,计数范围0~9,数码管显示计数结果
*****************************************/
//程序ex4-2.c
#include<reg51.h>              //包含头文件reg51.h
sbit SW1 = P1^0;               //定义传感器连接端口
sbit P2_0 = P2^0;              //数码管com端,为0时数码管正常工作
unsigned char dis[] = {0xC0,0xF9,0xA4,0xB0,0x99,0x92,0x82,0xF8,
0x80,0x90};
void delay(unsigned int i)     //延时函数,参数传递延时长短
{
  unsigned int k;
  for(k=0;k<i;k++);
}
int count(int j)               //计数子函数,传递已计工件数,返回计数结果,
                               //并限定结果范围在0~9
{
  if(SW1==0)
```

```
        {
          delay(100);
          if(SW1 ==0)
          {
            j ++;
            if(j ==10)
            {j =0;}
          }
        }
        return j;
    }
    void main(void)                    //主函数
    {
        int k =0;
        P2_0 =0;
         while(1)
         {  P0 =dis[k];
            k =count(k);               //调用计数函数
         }
    }
```

三、仿真结果

将 Keil C51 软件编译生成的 hex 文件加载到单片机芯片中。单击“运行”按钮，启动系统仿真，数码管显示 0，每按一次按钮，数码管显示数字加 1。图 4-15 是按四次时的仿真结果。仿真结果表明，设计符合任务要求。

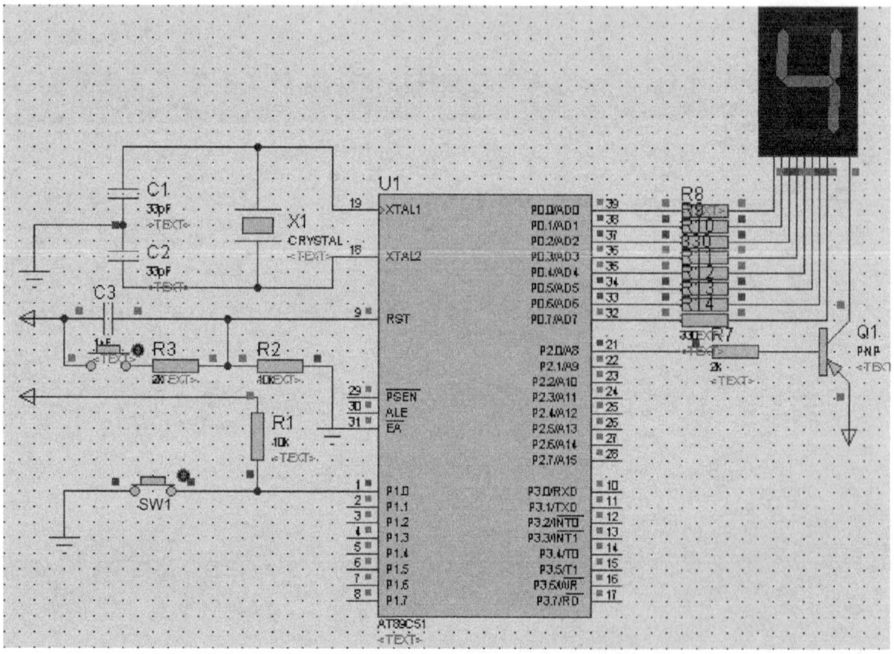

图 4-15　工件计数器电路仿真效果

小　　结

本项目通过两个任务,介绍了数组的基本概念、数码管的知识、接口技术。通过边学边做的形式让读者掌握数码管的显示技术,键盘的连接技术及去抖技术,重点是数码管的显示技术和去抖技术。

练习与思考题

一、选择题

1. 共阳极结构的LED数码管公共端(　　)。

A. 接P0口　　B. 接VCC　　C. 接GND　　D. 不接

2. LED点阵显示器,一次只能点亮(　　)行。

A. 1　　B. 2　　C. 3　　D. 8

3. 按键去除机械抖动可采用的方法有(　　)。

A. 硬件去抖动　　B. 软件去抖动

C. 单稳态电路去抖动　　D. 软、硬件两种方法

4. 在单片机应用系统中,LED数码管显示电路通常有(　　)显示方式。

A. 静态　　B. 动态

C. 静态和动态　　D. 查询

5. (　　)显示方式编程较简单,但占用I/O口线多,其最适合显示位数较少的场合。

A. 静态　　B. 动态

C. 静态和动态　　D. 查询

6. LED数码管若采用动态显示方式,下列说法错误的是(　　)

A. 将各位数码管的段选线并联

B. 将段选线用一个8位I/O口控制

C. 将各位数码管的公共端直接连在+5 V或者GND上

D. 将各位数码管的位选线用各自独立的I/O口控制

7. 共阳极LED数码管加反相器驱动时显示字符“6”的段码是(　　)。

A. 0x06　　B. 0x7D　　C. 0x82　　D. 0xFA

二、填空题

1. 在单片机应用系统中,LED数码管有________、________两种显示方式。

2. 当LED数码管应用于显示位数较少的场合时,一般采用________显示方式。

3. LED数码管按照内部连接方式不同可分为________和________两种结构。

三、上机操作题

结合简单计数器相关知识,设计双输入计数器并仿真功能。

项目5　事有从急——定时与中断

任务5-1　分秒必争——简易秒表的制作

任务要求

扫一扫

简易秒表效果演示

用单片机实现两位数简易秒表控制，计时范围为0～59 s，并将计时时间在两位数码管上显示出来，并利用三个独立按键实现秒表的启动、停止和复位功能，如图5-1所示。利用Proteus仿真软件搭建电路，用Keil C51编写控制程序实现其功能。

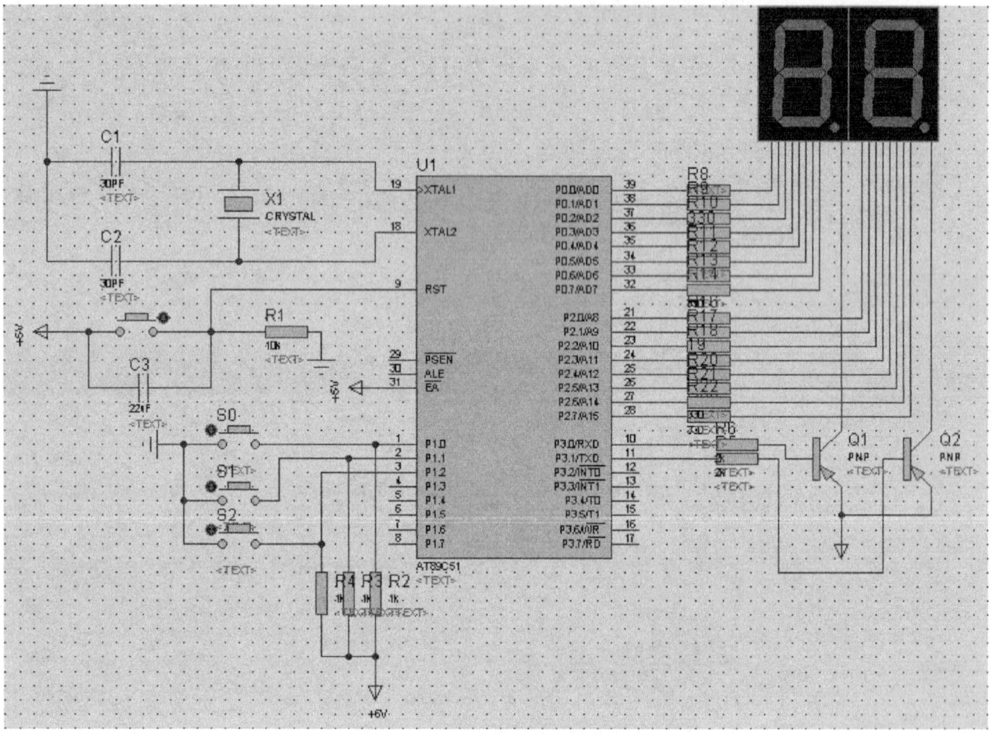

图5-1　简易秒表参考电路

学习目标

(1)了解中断的概念。

(2)掌握定时/计数器的使用步骤。

（3）掌握定时/计数器的寄存器的设置方法。

知识储备

一、中断系统

中断系统是单片机等计算设备的重要组成部分，用于实时控制、故障自动处理、计算机与外围设备间的数据传送以提高处理效率。

1. 中断的概念及特点

1）中断的相关概念

中断是指通过硬件来改变 CPU 的运行方向。计算机在执行程序的过程中，外围设备向 CPU 发出中断请求信号，要求 CPU 暂时中断当前程序的执行而转去执行相应的处理程序，待处理程序执行完毕后，再继续执行原来被中断的程序。这种程序在执行过程中由于外界的原因而被中间打断的情况称为"中断"。

中断技术可以提高单片机的效率和处理问题的速度，多运用于处理紧急事务或事务发生时间不确定的情况下，如任务 4－2 按键操作时间在程序中无法确定，除了采用上述程序 ex4－2.c 的查询方法外，也可采用中断方式。下面给出几个与中断相关的概念，见表 5－1。

表 5－1　几个与中断相关的概念

概　　念	说　　明
中断服务程序	CPU 响应中断后，转去执行相应的处理程序，该处理程序通常称为中断服务程序
主程序	原来正常运行的程序称为主程序，它可以调用其他子程序
断点	主程序被断开的位置（或地址）称为断点
中断源	引起中断的原因，或能发出中断申请的来源，称为中断源
中断请求	中断源要求服务的请求称为中断请求（或中断申请）

小提示

中断函数的调用过程类似于一般函数调用，区别在于何时调用一般函数在程序中是事先安排好的；而何时调用中断函数事先却无法确定，因为中断的发生是由外部因素决定的，程序中无法事先安排调用语句。因此，调用中断函数的过程是由硬件自动完成的。

2）中断的特点

（1）同步工作。中断是 CPU 与接口之间的信息传送方式之一，它使 CPU 与外设同步工作，较好地解决了 CPU 与慢速外设之间的配合问题。CPU 在启动外设工作后继续执行主程序，同时外设也在工作。每当外设做完一件事就发出中断申请，请求 CPU 中断它正在执行的程序，转去执行中断服务程序。当中断处理完后，CPU 恢复执行主程序，外设也继续工作。CPU 可启动多个外设同时工作，极大地提高了 CPU 的工作效率。

(2)异常处理。针对难以预料的异常情况，如掉电、存储出错、运算溢出等，可以通过中断系统由故障源向 CPU 发出中断请求，再由 CPU 转到相应的故障处理程序进行处理。

(3)实时处理。在实时控制中，现场的各种参数、信息的变化是随机的。这些外界变量可根据要求随时向 CPU 发出中断申请，请求 CPU 及时处理，如果中断条件满足，CPU 立即就会响应，转去执行相应的处理程序，从而实现实时控制。

2. 51 单片机中断系统的结构

51 单片机中断系统的结构如图 5－2 所示。由图 5－2 可知，中断系统主要包括以下各功能部件：

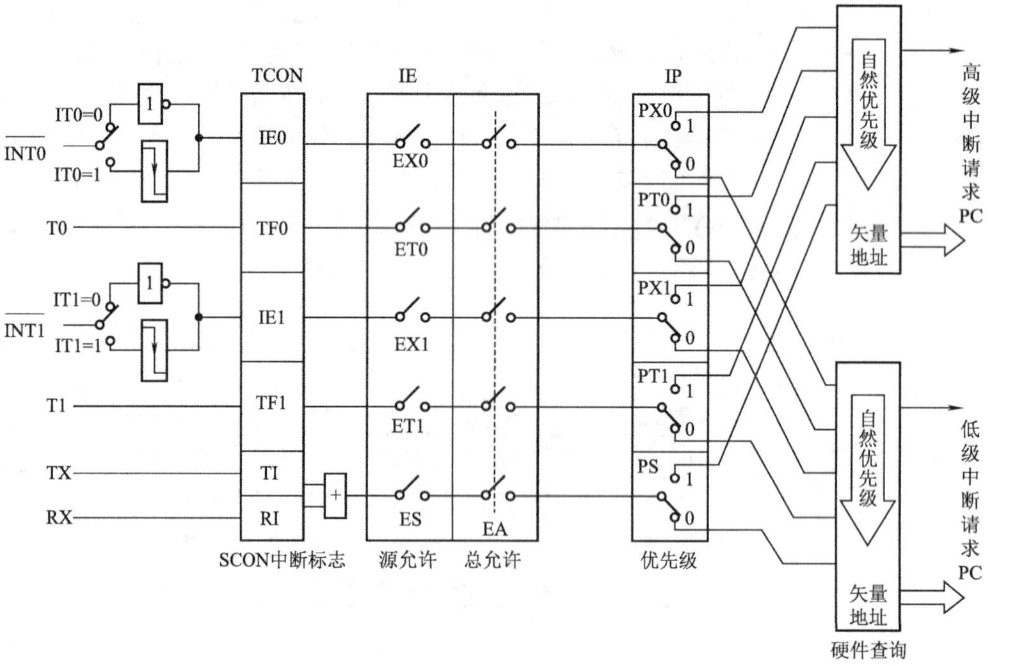

图 5－2　51 单片机中断系统的结构

(1)与中断有关的寄存器有四个，分别为定时器控制寄存器 TCON、串行口控制寄存器 SCON、中断允许控制寄存器 IE 和中断优先级控制寄存器 IP。

(2)中断源有五个，分别为外部中断 0 请求 $\overline{INT0}$、外部中断 1 请求 $\overline{INT1}$、T0 溢出中断请求 TF0、T1 溢出中断请求 TF1 和串行口中断请求 RI 或 TI。

(3)中断标志位分布在 TCON 和 SCON 两个寄存器中，当中断源向 CPU 申请中断时，相应中断标志由硬件置位。例如，当 T0 产生溢出时，T0 溢出中断请求标志位 TF0 由硬件自动置位，向 CPU 请求中断处理。

(4)中断允许控制位分为中断允许总控位 EA 与中断源控制位，它们集中在 IE 寄存器中，用于控制中断的开放和屏蔽。

(5)五个中断源的排列顺序由中断优先级控制寄存器 IP 和自然优先级共同确定。

3. 与中断有关的寄存器

1)中断源

51 单片机中断系统有五个中断源,见表 5－2。

表 5－2 51 单片机中断系统的中断源

序号	中断源		说明
1	$\overline{\text{INT0}}$	外部中断 0 请求	由 P3.2 引脚输入,通过 IT0 位(TCON.0)来决定是低电平有效还是下降沿有效。一旦输入信号有效,即向 CPU 申请中断,并建立 IE0(TCON.1)中断标志
2	$\overline{\text{INT1}}$	外部中断 1 请求	由 P3.3 引脚输入,通过 IT1 位(TCON.2)来决定是低电平有效还是下降沿有效。一旦输入信号有效,即向 CPU 申请中断,并建立 IE1(TCON.3)中断标志
3	TF0	T0 溢出中断请求	当 T0 产生溢出时,T0 溢出中断标志位 TF0(TCON.5)置位(由硬件自动执行),请求中断处理
4	TF1	T1 溢出中断请求	当 T1 产生溢出时,T1 溢出中断标志位 TF1(TCON.7)置位(由硬件自动执行),请求中断处理
5	RI 或 TI	串行口中断请求	当接收或发送完一个串行帧时,内部串行口中断请求标志位 RI(SCON.0)或 TI(SCON.1)置位(由硬件自动执行),请求中断处理

2)中断标志

对应每个中断源有一个中断标志位,分别分布在定时器控制寄存器 TCON 和串行口控制寄存器 SCON 中。中断标志位见表 5－3。

表 5－3 51 单片机中断系统中的中断标志位

中断标志位		位名称	说明
TF1	T1 溢出中断标志位	TCON.7	T1 被启动计数后,从初值开始加 1 计数,计满溢出后由硬件置位 TF1,同时向 CPU 发出中断请求,此标志位一直保持到 CPU 响应中断后才由硬件自动清 0。也可由软件查询该标志位,并由软件清 0
TF0	T0 溢出中断标志位	TCON.5	T0 被启动计数后,从初值开始加 1 计数,计满溢出后由硬件置位 TF0,同时向 CPU 发出中断请求,此标志位一直保持到 CPU 响应中断后才由硬件自动清 0。也可由软件查询该标志位,并由软件清 0
IE1	$\overline{\text{INT1}}$中断标志位	TCON.3	IE1 =1,外部中断 1 向 CPU 申请中断
IT1	$\overline{\text{INT1}}$ 中断触发方式控制位	TCON.2	当 IT1 =0,外部中断 1 控制为电平触发方式;当 IT1 =1,外部中断 1 控制为边沿(下降沿)触发方式
IE0	$\overline{\text{INT0}}$中断标志位	TCON.1	IE0 =1,外部中断 0 向 CPU 申请中断
IT0	$\overline{\text{INT0}}$ 中断触发方式控制位	TCON.0	当 IT0 =0,外部中断 0 控制为电平触发方式;当 IT0 =1,外部中断 0 控制为边沿(下降沿)触发方式
TI	串行发送中断标志	SCON.1	CPU 将数据写入发送缓冲器 SBUF 时,启动发送,每发送完一个串行帧,硬件都使 TI 置位;但 CPU 响应中断时并不自动清除 TI,必须由软件清除
RI	串行接收中断标志	SCON.0	当串行口允许接收时,每接收完一个串行帧,硬件都使 RI 置位;同样,CPU 在响应中断时不会自动清除 RI,必须由软件清除

小提示

(1)在表5-3中,IT1和IT0不是中断标志位,而是外部中断的中断触发方式控制位,它们与中断标志位的使用类似,为方便对比而列在其中。

(2)51单片机系统复位后,TCON和SCON均清零,应用时要注意各位的初始状态。

当中断源需要向CPU申请中断时,相应中断标志位由硬件自动置1。下面来讨论当CPU响应中断申请后,如何撤除这些中断标志请求。

对于T0、T1溢出中断和边沿触发的外部中断,CPU在响应中断后即由硬件自动清除其中断标志位TF0、TF1或IE0、IE1,无须采取其他措施。

对于串行口中断,CPU在响应中断后,硬件不能自动清除中断请求标志位TI或RI,必须在中断服务程序中用软件将其清除。

对于电平触发的外部中断,其中断请求撤除方法较复杂,一般采用硬件和软件结合的方式,这里不再赘述。

3)中断的开放和禁止

51单片机的五个中断源都是可屏蔽中断,中断系统内部设有一个专用寄存器IE,用于控制CPU对各中断源的开放或屏蔽。IE寄存器各位及符号见表5-4。

表5-4 IE寄存器各位及符号

位序号	D7	D6	D5	D4	D3	D2	D1	D0
位符号	EA	×	×	ES	ET1	EX1	ET0	EX0
位地址	AFH	×	×	ACH	ABH	AAH	A9H	A8H

注:×表示该位未使用。

IE寄存器各中断允许位的含义见表5-5。

表5-5 IE寄存器各中断允许位的含义

中断允许位		位名称	说明
EA	总中断允许控制位	IE.7	EA=1,开放所有中断,各中断源的允许和禁止可通过相应的中断允许位单独加以控制;EA=0,禁止所有中断
ES	串行口中断允许位	IE.4	ES=1,允许串行口中断;ES=0,禁止串行口中断
ET1	T1中断允许位	IE.3	ET1=1,允许T1中断;ET1=0,禁止T1中断
EX1	外部中断1($\overline{INT1}$)中断允许位	IE.2	EX1=1,允许外部中断1中断;EX1=0,禁止外部中断1中断
ET0	T0中断允许位	IE.1	ET0=1,允许T0中断;ET0=0,禁止T0中断
EX0	外部中断0($\overline{INT0}$)中断允许位	IE.0	EX0=1,允许外部中断0中断;EX0=0,禁止外部中断0中断

当在程序中需要开放中断源时,可以直接引用中断位符号,如开放定时/计数器1可用以下语句:

```
ET1 =1;              //开放定时/计数器 T1 中断允许位
```

```
EA=1;              //开放总中断允许控制位
```

小提示

开放中断也可以用下面一条语句实现：

```
IE=0x88;  //寄存器 IE=10001000B,同时开放总中断允许控制位和定时/
          //计数器 T1 中断允许位
```

若要在执行当前中断程序时禁止其他更高优先级中断，需先用软件关闭 CPU 中断，或用软件禁止相应高优先级的中断，在中断返回前再开放中断。

4）中断的优先级别

51 单片机有两个中断优先级：高优先级和低优先级。

每个中断源都可以通过设置中断优先级控制寄存器 IP 确定为高优先级中断或低优先级中断，实现二级嵌套。同一优先级别的中断源可能不止一个，因此，也需要进行优先权排队。同一优先级别的中断源采用自然优先级。

中断优先级控制寄存器 IP 用于锁存各中断源优先级控制位。IP 中的每一位均可由软件来置 1 或清 0。1 表示高优先级，0 表示低优先级。IP 寄存器各位及符号见表 5－6。

表 5－6 IP 寄存器各位及符号

位序号	D7	D6	D5	D4	D3	D2	D1	D0
位符号	×	×	×	PS	PT1	PX1	PT0	PX0
位地址	BFH	×	×	BCH	BBH	BAH	B9H	B8H

IP 寄存器各中断优先级控制位的含义见表 5－7。

表 5－7 IP 寄存器各中断优先级控制位的含义

中断优先级控制位		位名称	说 明
PS	串行口中断优先控制位	IP.4	PS＝1，设定串行口为高优先级中断；PS＝0，设定串行口为低优先级中断
PT1	定时/计数器 T1 中断优先控制位	IP.3	PT1＝1，设定定时/计数器 T1 为高优先级中断；PT1＝0，设定定时器 T1 为低优先级中断
PX1	外部中断 1 中断优先控制位	IP.2	PX1＝1，设定外部中断 1 为高优先级中断；PX1＝0，设定外部中断 1 为低优先级中断
PT0	定时/计数器 T0 中断优先控制位	IP.1	PT0＝1，设定定时/计数器 T0 为高优先级中断；PT0＝0，设定定时器 T0 为低优先级中断
PX0	外部中断 0 中断优先控制位	IP.0	PX0＝1，设定外部中断 0 为高优先级中断；PX0＝0，设定外部中断 0 为低优先级中断

当系统复位后，IP 低 5 位全部清零，所有中断源均设定为低优先级中断。

同一优先级的中断源将通过内部硬件查询逻辑，按自然优先级顺序确定其优先级别。自然优先级由硬件形成，排列如下：

中断源	同级自然优先级
外部中断 0	最高级
定时/计数器 T0 中断	↓
外部中断 1	
定时/计数器 T1 中断	
串行口中断	最低级

小提示

任务 5-1 未用到中断优先级设定，因为只开放一个中断源，没有必要设置优先级。如果程序中没有中断优先级设置语句，则中断源按自然优先级进行排列。实际应用中，常把 IP 寄存器和自然优先级相结合，使中断的使用更加方便、灵活。

4. 中断处理过程

中断处理过程包括中断响应和中断处理两个阶段。下面介绍 51 单片机的中断处理过程并对中断响应时间加以讨论。

1）中断响应

中断响应是指 CPU 对中断源中断请求的响应。其执行过程如图 5-3 所示。在响应中断时，又发生更高级别的中断请求，CPU 可以终止执行低级别的中断，转而响应高级别的中断，即中断嵌套，如图 5-4 所示。

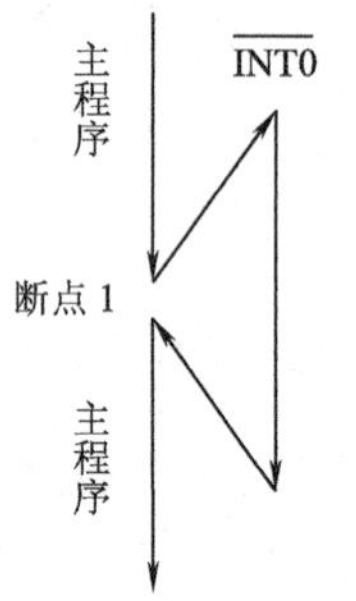

图 5-3　中断响应执行过程

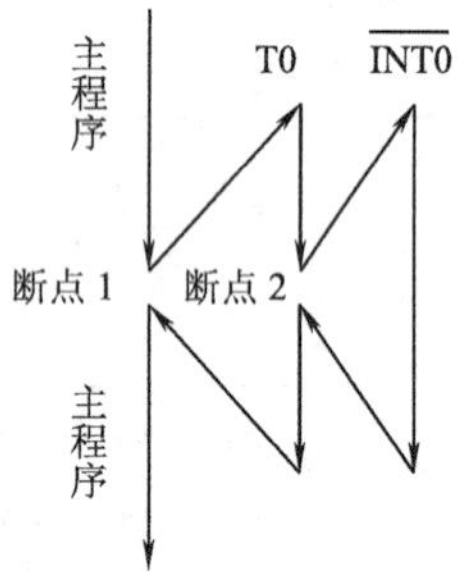

图 5-4　中断嵌套

CPU 并非任何时刻都能响应中断请求，而是在满足所有中断响应条件且不存在任何一种中断阻断情况下才会响应。

CPU 响应中断的条件是：①有中断源发出中断请求；②中断总允许位 EA 置 1；③申请中断的中断源允许位置 1。

CPU 响应中断的阻断情况有：①CPU 正在响应同级或更高优先级的中断；②当前指令未执行完；③CPU 正在执行中断返回或访问寄存器 IE 和 IP。

小提示

若存在任何一种阻断情况，中断查询结果即被取消，CPU 不响应中断请求而在下一机器周期继续查询；否则，CPU 在下一机器周期响应中断。

2）中断响应过程

中断响应过程就是自动调用并执行中断函数的过程。执行完中断函数再自动返回断点继续原函数执行。

C51 编译器支持在 C 源程序中直接以函数形式编写中断服务程序。中断函数的定义形式如下：

```
void  函数名()    interrupt    n
```

其中，n 为中断类型号，C51 编译器允许 0 ~ 31 个中断，n 的取值范围为 0 ~ 31。

下面给出了 8051 控制器所提供的五个中断源所对应的中断类型号 n 和中断服务程序的入口地址。

中断源	n	入口地址
外部中断 0	0	0x0003
定时/计数器 T0	1	0x000B
外部中断 1	2	0x0013
定时/计数器 T1	3	0x001B
串行口	4	0x0023

3）中断响应时间

中断响应时间是指从中断请求标志位置位到 CPU 开始执行中断服务程序的第一条语句所需要的时间。中断响应时间形成的过程比较复杂，下面分两种情况加以讨论。

（1）中断请求不被阻断的情况。以外部中断为例，CPU 在每个机器周期期间采样，其输入引脚 $\overline{INT0}$ 或 $\overline{INT1}$ 端的电平，如果中断请求有效，则自动置位中断请求标志位 IE0 或 IE1，然后在下一个机器周期再对这些值进行查询。如果满足中断响应条件，则 CPU 响应中断请求，在下一个机器周期执行一条硬件长调用指令，使程序转入中断函数执行。该调用指令的执行时间是两个机器周期，因此，外部中断响应时间至少需要三个机器周期，这是最短的中断响应时间。一般来说，若系统中只有一个中断源，则中断响应时间为 3 ~ 8 个机器周期。

（2）中断请求被阻断的情况。如果系统不满足所有中断响应条件或者存在任何一种中断阻断情况，那么中断请求将被阻断，中断响应时间将会延长。

例如，一个同级或更高级的中断正在进行，则附加的等待时间取决于正在进行的中断服务程序的长度。如果正在执行的一条指令还没有进行到最后一个机器周期，则附加的等待时间为一至三个机器周期（因为一条指令的最长执行时间为四个机器周期）。如果正在执行的指令是返回指令或访问 IE 或 IP 的指令，则附加的等待时间在五个机器周期之内（最多用一个机器周期完成当前指令，再加上最多四个机器周期完成下一条指令）。

小提示

编写中断函数时应遵循下列规则:

(1)不能进行参数传递。如果中断过程包括任何参数声明,编译器将产生一个错误信息。

(2)无返回值。如果想定义一个返回值,将产生错误。但是,如果返回整型值,编译器将不产生错误信息,因为整型值是默认值,编译器不能清楚识别。

(3)在任何情况下,不能直接调用中断函数,否则编译器会产生错误。直接调用中断函数时,硬件上没有中断请求存在,因而这个指令的结果是不确定的并且通常是致命的。

(4)可以在中断函数定义中使用 using 指令指定当前使用的寄存器组,格式如下:

```
void 函数名([形式参数])interrupt n  [using  m]
```

51 单片机有四组寄存器,每组有 R0 ~ R7,程序具体使用哪一组寄存器由程序状态字 PSW 中的两位 RS1 和 RS0 来确定。在中断函数定义时,可以用 using 指令指定该函数具体使用哪一组寄存器,m 的取值范围为 0、1、2、3,对应四组寄存器组。

不同的中断函数使用不同的寄存器组,可以避免中断嵌套调用时的资源冲突。

(5)在中断函数中调用的函数所使用的寄存器组必须与中断函数相同,当没有使用 using 指令时,编译器会选择一个寄存器组作为绝对寄存器访问,程序员必须保证按要求使用相应的寄存器组,编译器不会对此进行检查。

二、定时/计数器中断

定时/计数器中断是 51 单片机三类中断中的一种,用于计算外部脉冲个数或内部脉冲个数,达到一定数值(可设置不同值)即向 CPU 发出中断请求信号。

1. 定时/计数器的结构和工作原理

1)定时/计数器的结构

51 单片机内部有两个 16 位可编程定时/计数器 T0 和 T1,每个定时/计数器又分别由两个 8 位特殊功能寄存器组成,T0 由高 8 位 TH0 和低 8 位 TL0 组成,T1 由高 8 位 TH1 和低 8 位 TL1 组成。同时,单片机内部还包含定时器的一个工作方式控制寄存器 TMOD 和一个控制寄存器 TCON。TMOD 是定时器的工作方式控制寄存器,确定工作方式和功能;TCON 是控制寄存器,控制 T0、T1 的启动和停止及设置溢出标志。

2)定时/计数器的功能

单片机内部定时/计数器同时具有定时和计数两种功能,都可通过编程实现。

计数功能:单片机定时/计数器可对外部脉冲(外部事件)进行计数。外部脉冲由单片机 T0(P3.4)、T1(P3.5)两个引脚输入,输入脉冲下降沿有效,触发加法计数器加 1(注:为了保证计数的正确性,要保证输入脉冲高低电平都在一个机器周期以上)。

定时功能:单片机定时/计数器用作定时功能时,也是通过计数实现的,只是对单片机内部机器周期脉冲进行计数。机器周期由振荡脉冲频率决定,如单片机采用 6 MHz晶振,一个机器周期为 2 μs;采用 12 MHz 晶振,一个机器周期为 1 μs。根据设置的计数值,即可确定定时时间(定时时间 = 机器周期 × 计数值)。

3)定时/计数器的工作原理

定时/计数器的工作原理如图5-5所示。计数脉冲(内部脉冲或外部脉冲)送入脉冲计数器(T0或T1),计数器在初始值(初始值可通过程序设置)的基础上加1,当计数器加到为全1时,再输入一个脉冲就使计数器回零,且计数器的溢出使TCON中TF0或TF1置1,向CPU发出中断请求(定时/计数器中断允许时)。如果定时/计数器工作于定时模式,则表示定时时间已到;如果工作于计数模式,则表示计数值已满,如图5-5所示。

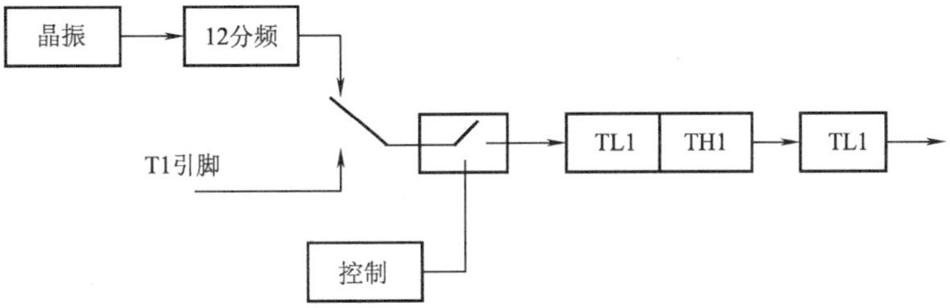

图5-5　定时/计数器的工作原理

可见,由溢出时计数器的值减去计数初值才是加1计数器的计数值。

设置为定时器模式时,加1计数器是对内部机器周期计数(1个机器周期等于12个振荡周期,即计数频率为晶振频率的1/12)。计数值 N 乘以机器周期 T_{cy} 就是定时时间 t。

设置为计数器模式时,外部事件计数脉冲由T0或T1引脚输入计数器。高低电平都至少要维持一个机器周期。

2. 定时/计数器的控制

正确使用定时/计数器,必须掌握控制定时/计数器的寄存器的办法。下面以工作过程为例,来介绍各部分的作用。

1)定时/计数器的工作过程如下:

(1)设置定时/计数器工作方式。通过对控制寄存器TMOD的设置,确定相应的定时/计数器是定时功能还是计数功能,工作方式和启动方法。

定时/计数器工作方式有四种:方式0、方式1、方式2和方式3。

定时/计数器启动方式有两种:软件启动和硬软件共同启动。除了从控制寄存器TCON发出的软件启动信号外,还有外部启动信号引脚,这两个引脚也是单片机的外部中断输入引脚。

(2)设置计数初值。T0、T1是16位加法计数器,分别由两个8位专用寄存器组成,T0由TH0和TL0组成,T1由TH1和TL1组成。TL0、TL1、TH0、TH1的访问地址依次为8AH~8DH,每个寄存器均可被单独访问,因此可以被设置为8位、13位或16位计数器使用。

在计数器允许的计数范围内,计数器可以从任何值开始计数。对于加1计数器,当计到最大值时(对于8位计数器,当计数值从255再加1时,计数值变为0),产生溢出。

定时/计数器允许用户编程设定开始计数的数值,称为赋初值。初值不同,则计数器产生溢出时,计数个数也不同。例如:对于 8 位计数器,当初值设为 100 时,再加 1 计数 156 个,计数器就产生溢出;当初值设为 200 时,再加 1 计数 56 个,计数器就产生溢出。

(3)启动定时/计数器。根据设置的定时/计数器启动方式,启动定时/计数器。如果采用软件启动方式,则需要把控制寄存器中的 TR0 或 TR1 置 1;如果采用软硬共同启动方式,不仅需要把控制寄存器中的 TR0 或 TR1 置 1,还需要相应外部启动信号为高电平。

(4)计数溢出。计数溢出标志位在控制寄存器 TCON 中,用于通知用户定时/计数器已经计满,用户可以采用查询方式或中断方式进行操作。

2)工作方式控制寄存器 TMOD

工作方式控制寄存器 TMOD(字节地址为 0x89H,不可以位寻址。)用于设置定时/计数器的工作方式,低 4 位用于 T0,高 4 位用于 T1。其格式见表 5-8。

表 5-8 TMOD(0x89)格式

位序号	D7	D6	D5	D4	D3	D2	D1	D0
位符号	GATE	C/T	M1	M0	GATE	C/T	M1	M0

TMOD 各位的含义:

C/T:功能选择位。0 为定时器方式;1 为计数器方式。

M1 和 M0:工作方式选择位。可以选择为四种工作方式:方式 0、方式 1、方式 2、方式 3。

M1M0 =00,工作方式 0,13 位计数器。

M1M0 =01,工作方式 1,16 位计数器。

M1M0 =10,工作方式 2,初值自动重载 8 位计数器。

M1M0 =11,工作方式 3,T0 分成两个 8 位计数器,T1 停止计数。

GATE:门控位。GATE =0,软件启动,设置控制位 TR0 或 TR1 为 1 启动定时器;GATE =1,软硬件共同启动,在软件启动基础上,还需设置 INT0(P3.2)或 INT1(P3.3)为 1 时启动定时器。

例:设定时器 T0 为定时工作方式,要求用软件启动定时器 T0 工作,按方式 1 工作;定时器 T1 为计数工作方式,要求用软件启动,按方式 2 工作。

根据 TMOD 各位的定义可知,其控制字为:

D7	D6	D5	D4	D3	D2	D1	D0
GATE	C/T	M1	M0	GATE	C/T	M1	M0
0	1	1	0	0	0	0	1

即控制字为 61H,其设置语句为

```
TMOD = 0X61H;
```

3)控制寄存器 TCON

TCON(字节地址为 0x88H,可按位访问)用来控制两个定时器的启动、停止,表明定时器的溢出、中断情况。其格式见表5-9。

表5-9 TCON(0x88H)格式

位序号	D7	D6	D5	D4	D3	D2	D1	D0
位符号	TF1	TR1	TF0	TR0	IE1	IT1	IE0	IT0

其中,低4位用于控制外部中断,将在后面介绍;高4位是与定时/计数有关的,各位含义如下:

TF1(TCON.7):T1溢出中断标志位。T1计数溢出时由硬件自动置,TF1为1。CPU响应中断后,TF1由硬件自动清0。T1工作时,CPU可随时查询TF1的状态。所以,TF1可用作查询测试的标志。TF1也可以用软件置1或清0,同硬件置1或清0的效果一样。

TR1(TCON.6):T1运行控制位。TR1置1时,T1开始工作;TR1置0时,T1停止工作。TR1由软件置1或清0。所以,用软件可控制定时/计数器的启动与停止。

TF0(TCON.5):T0溢出中断标志位,其功能与TF1类同。

TR0(TCON.4):T0运行控制位,其功能与TR1类同。

语句举例:

```
TR1 =1;        //启动定时/计数器 T1
TF1 =0;        //T1 溢出中断标志位清 0
```

小提示

字节地址能被8整除的寄存器可以按位访问,如TCON(字节地址为0x88H),启动定时/计数器T1语句:

```
TR1 =1;
```

字节地址不能被8整除的寄存器不能按位访问,只能用字节操作,如TMOD(字节地址为0x89H),设置定时/计数器工作方式语句:

```
TMOD =0X61H;
```

3. 定时/计数器的工作方式

工作方式控制寄存器TOMD中的M1、M0用于设置四种工作方式,逻辑电路结构如图5-6所示。

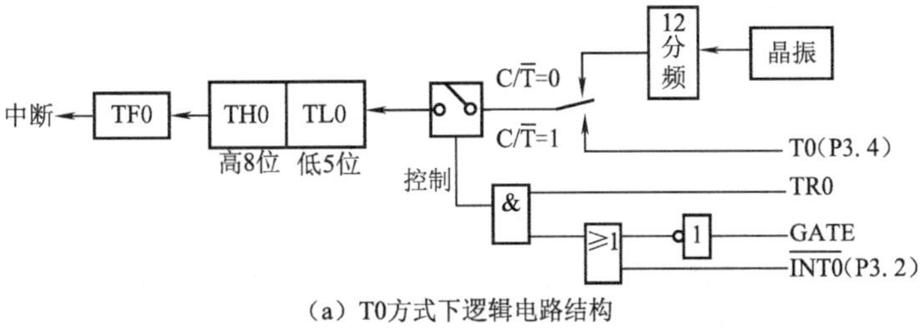

(a) T0方式下逻辑电路结构

图5-6 TOMD四种工作方式的逻辑电路

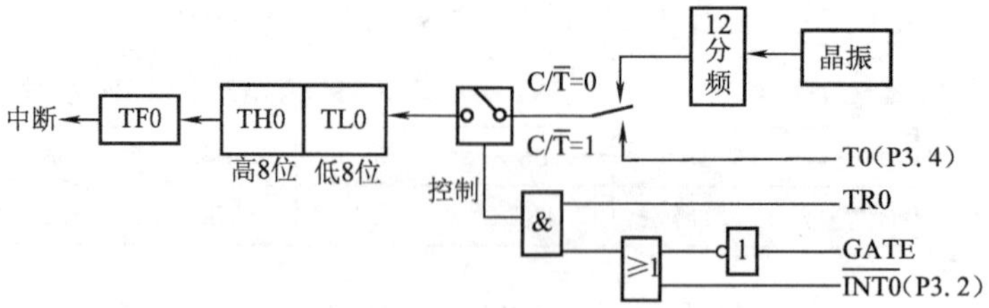

(b) T1方式下逻辑电路结构

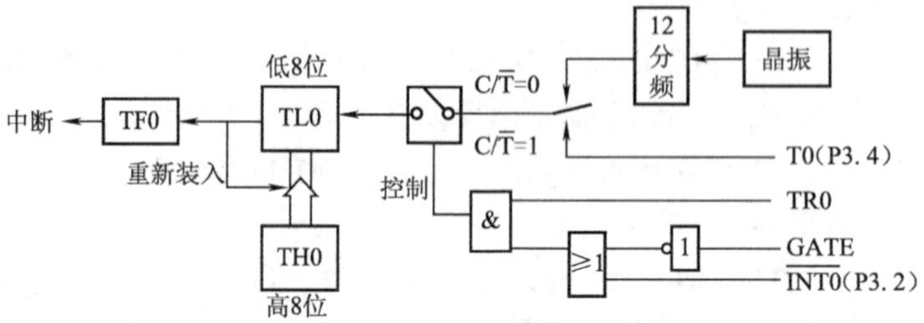

(c) T2方式下逻辑电路结构

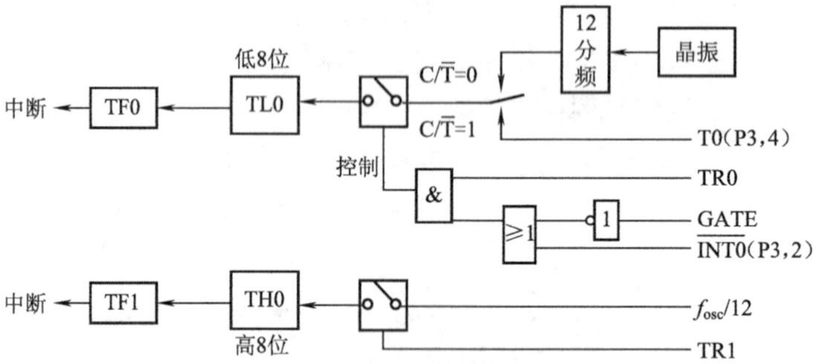

(d) T3方式下逻辑电路结构

图 5-6　TOMD 四种工作方式的逻辑电路(续)

其中,T0、T1 都可以设置为方式 0、方式 1、方式 2,可以做定时器或计数器使用,主要用法见表 5-10。

表 5-10　定时/计数器工作方式比较

工作方式	方式 0	方式 1	方式 2
计数位数	13 位定时/计数器	16 位定时/计数器	8 位定时/计数器
计数寄存器	TLi 低 5 位和 THi	TLi 和 THi	TLi
最大计数值 M	8 192	65 536	256
初值计数方法	初值 $X = M -$ 定时时间/机器周期		
初值设置	THi = X/32 TLi = X% 32	THi = X/256 TLi = X% 256	THi = X TLi = X
特点	初值不可自动重载	初值不可自动重载	初值可自动重载
初值设置举例 (设定定时时间 0.25 ms)	THi = (8 192 - 250)/32 TLi = (8 192 - 250)% 32	THi = (65 536 - 250)/ 256 TLi = (65 536 - 250)% 256	THi = 256 - 250 TLi = 256 - 250

注:表中举例假设晶振频率为 12 MHz。

方式3只适用于定时/计数器T0,定时器T1处于方式3时相当于TR1 =0,停止计数。T0处于方式3时将分成为两个独立的8位计数器TL0和TH0。

TL0:既可定时也可计数。占用了原定时器T0的控制位、引脚和中断源。

TH0:简单的内部定时功能。占用了定时器T1的控制位TR1和中断标志位TF1。

任务实施

一、硬件电路分析与设计

电路中用P1口控制两位数码管的八个段选控制端,用P3.0、P3.1分别作为两个LED数码管的位选控制端,LED采用共阳极数码管。三个按键采用独立式键盘接法,分别连接到引脚P1.0、P1.1和P1.2。单片机控制两位数码管实现秒表硬件电路见图5-1。

二、源程序设计

本程序主函数循环送显计数结果和扫描三个开关,并对三个开关的状态进行相应处理:S0启动计时、S1暂停计时和S2计时复位。计时采用定时/计数器T0进行计时,故主函数需要进行相关设置:设置为定时模式,工作方式为工作方式1并开放中断,启动计时。主函数流程图如图5-7所示。

在工作方式1设置下,最大可计65 536个脉冲。在晶振工作频率为12 MHz条件下,设置计数初始值为15 536,则溢出一次计50 000个脉冲,对应时间为0.05 s。计满20次等于1 s,故每次中断程序首先处理的是重装初值。具体流程图如图5-8所示。整体程序见ex5-1.c。

```
/****************************************
2位秒表计时函数,S0启动计时,S1暂停计时,S2计时复位
****************************************/
//程序 ex5-1.c
#include <reg51.h>                //包含头文件 reg51.h 定义 51 单片机
                                  //的专用寄存器
sbit S0 = P1^0;                   //定义开关控制端口
sbit S1 = P1^1;
sbit S2 = P1^2;
unsigned char msec,sec;           //定义 msec 为 50 ms 计数变量,sec 为
                                  //秒变量
void T0_INT(void)interrupt 1      //定时器 0 中断类型号为 1
{
   TH0 = 0x3c;                    //50 ms 定时初值
   TL0 = 0xb0;
   msec++;                        //中断次数加 1
   if(msec==20)                   //中断次数到 20 次吗
   {
```

```
            msec=0;                    //中断次数到 20 次,1 s 计时到,50 ms
                                       //计数单元清零
            sec++;                     //秒单元加 1
            if(sec==60)                //到 60 s 吗
            {
              sec=0;                   //到 60 s,秒单元清零
            }
        }
    }
    void main()                        //主函数
    {
      unsigned char led[] = {0xc0,0xf9,0xa4,0xb0,0x99,0x92,0x82,
0xf8,0x80,0x90};
                                       //定义数字 0~9 字型显示码
        TMOD=0x01;                     //定时器 0 工作方式 1
        TH0=0x3c;                      //50 ms 定时初值
        TL0=0xb0;
        EA=1;                          //开总中断
        ET0=1;                         //开定时器 0 中断
        ET1=1;
        P1=0xff;                       //P1 口做输入
        P3=0;
        while(1)
        {
            P2=led[sec% 10];           //显示秒个位
            P0=led[sec/10];            //显示秒十位
            if(S1==0)                  //按下停止键
            TR0=0;                     //停止计数
            if(S0==0)                  //按下启动键
            TR0=1;                     //启动计数
            if(S2==0)                  //按下复位键
            { TR0=0;sec=0;msec=0;}
        }
    }
```

三、仿真结果

将 Keil C51 软件编译生成的 hex 文件加载到单片机芯片中。单击“运行”按钮,启动系统仿真,数码管显示 0。单击“启动”按键,秒表启动,开始计时。图 5-9 是启动计时 8 s 的截图。单击“停止”按键,计时停止,单击“复位”按键,数码管重新显示 0,达到设计功能。

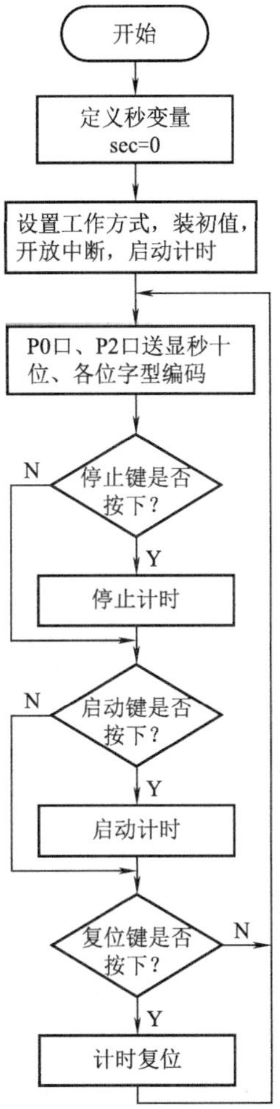

图5-7 主函数流程图

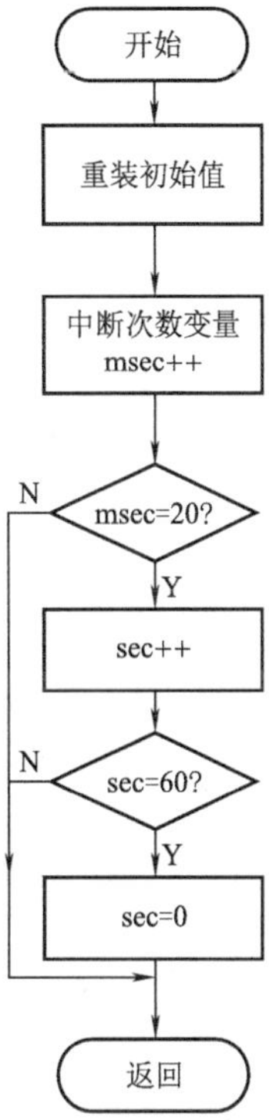

图5-8 中断函数流程图

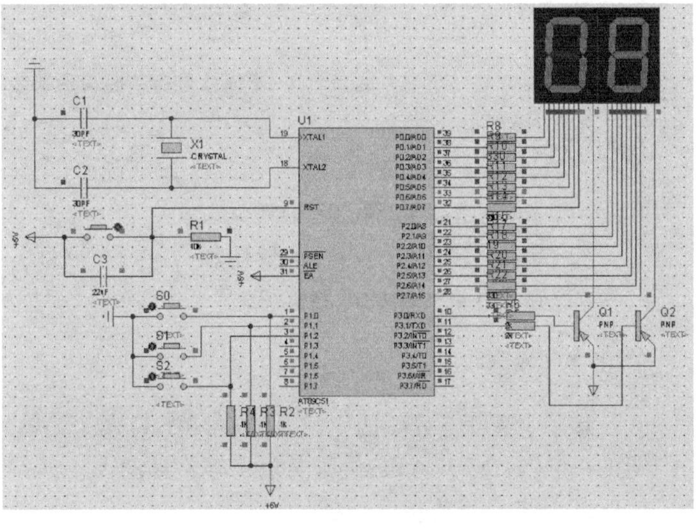

图5-9 简易秒表仿真结果

任务 5-2 水满则停——水塔水位控制系统的设计

任务要求

扫一扫

水位控制系统效果演示

通过 51 单片机完成水塔水位控制系统的设计与制作任务，装置原理如图 5-10 所示，设计要求如下：S1、S2 键分别模拟水位的下限和上限位置，当 S1 键按下时，表示水位已达下限位置，电动机 M1 自动启动；当 S2 键按下时，表示水位已达上限位置，电动机 M1 自动停止。利用 Proteus 仿真软件搭建电路，用 Keil C51 编写控制程序实现其功能。

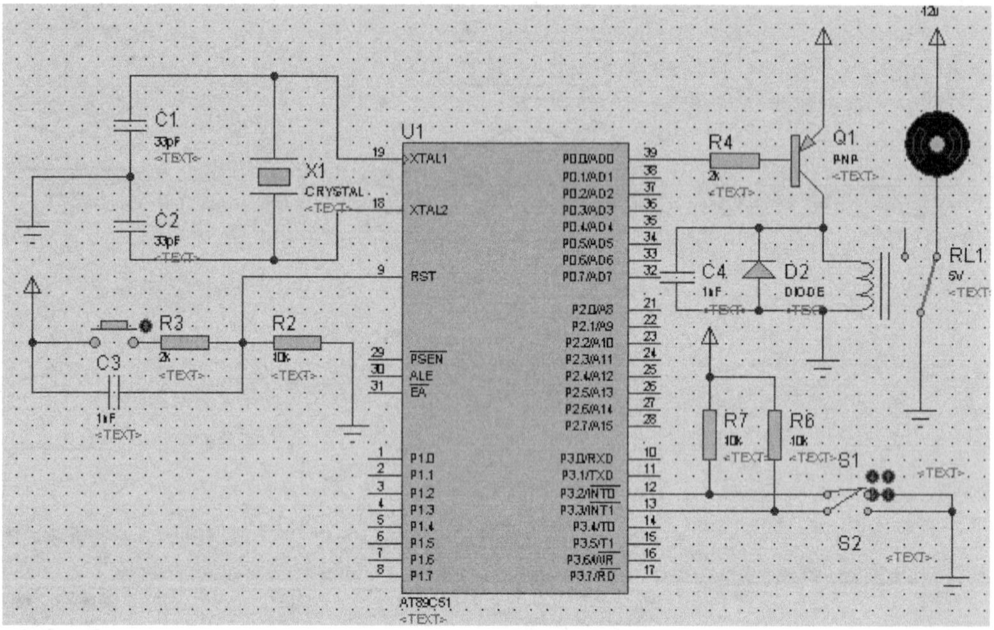

图 5-10 水塔水位自动控制系统参考电路

学习目标

(1) 了解外部中断的编程步骤。

(2) 掌握外部中断寄存器的使用。

(3) 熟悉外部中断的电路连接。

知识储备

除了上述任务介绍的定时/计数器 T0、T1 外，51 单片机还提供了两个接入外部信号的中断源：INT0、INT1，供紧急信号等信号输入。

1. 外部中断的使用过程

(1) 电路连接：将中断信号从 P3.2(外部中断 0) 或 P3.3(外部中断 1) 引入。

(2)主函数中断工作方式等的设置:使用外部中断,需要在主函数里对触发方式、优先级别进行设置,并打开中断允许。

(3)中断函数的编写。

2. 主函数中断工作方式的设置

(1)设置触发方式。通过对方式寄存器TCON的设置(见表5-3)设置触发方式。当IT0(TCON.0位)=0时,外部中断0控制为电平触发方式;当IT0=1时,外部中断0控制为边沿(下降沿)触发方式;当IT1(TCON.2位)=0时,外部中断1控制为电平触发方式;当IT1=1时,外部中断1控制为边沿(下降沿)触发方式。

(2)设置中断的优先级别。当有两个或两个以上中断源且默认优先级别不满足要求时,设置优先级别寄存器IP,见表5-7。

(3)开放中断允许。使用外部中断时,类似于使用定时/计数器,必须开放总中断允许位(EA)和相应的中断允许位(EX0或EX1)

3. 编写中断函数

(1)中断函数的一般格式如下:

```
void 函数名称(void)interrupt 中断编号
{
  语句;
}
```

(2)中断函数一般处理步骤:关闭总中断允许位,保护现场。开放总中断允许位,中断处理,恢复现场。

任务实施

一、硬件电路分析与设计

本任务模拟水塔水位控制系统。直流电动机(工作电压12 V)外形如图5-11所示。电动机由继电器控制,继电器外形如图5-12所示。继电器线圈是感性负载,电流不能突变,并联一个二极管作为续流二极管。水位传感器用开关模拟,采用外部中断工作方式,故必须接单片机P3.2、P3.3口。整体电路设计见图5-10。

图5-11 直流电动机外形

图5-12 继电器外形

二、源程序设计

本程序开关信号以中断方式采用外部信息。在主函数中,对中断触发方式控制位进行了设置,开放中断允许。完整程序见程序 ex5-2.c。

```
/*****************************************
水塔水位控制,S1 启动电动机,S2 停止电动机
*****************************************/
//程序 ex5-2.c
#include <reg51.h>                  //包含头文件 reg51.h 定义 51 单片机
                                    //的专用寄存器
sbit TM = P0^0;                     //电动机控制端,0 停机,1 开机
void start(void) interrupt 0        //外部中断 0 类型号为 0
{
  TM = 1;                           //开始抽水
}
void stop(void) interrupt 2         //外部中断 1 类型号为 2
{
  TM = 0;                           //停止抽水
}
void main()                         //主函数
{
  IT0 = 1;                          //设置为下降沿触发方式
  IT1 = 1;                          //设置为下降沿触发方式
  EA = 1;                           //开总中断
  EX0 = 1;                          //开外部中断 0
  EX1 = 1;                          //开外部中断 1
  TM = 0;
  while(1);
}
```

三、仿真结果

将 Keil C51 软件编译生成的 hex 文件加载到单片机芯片中。单击"运行"按钮,启动系统仿真,仿真结果如图 5-13 所示。观察到电动机停止,闭合低水位按键 S1,继电器动合触点闭合,电动机运行;断开 S1,电动机继续运行;闭合高水位按键 S2,继电器动断触点闭合,电动机停止。符合设计要求。

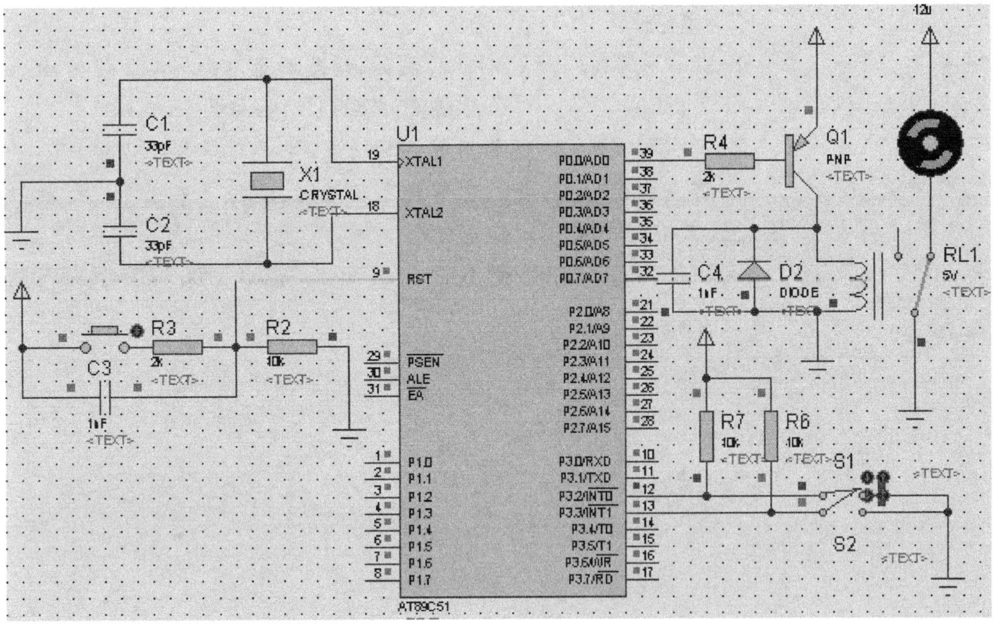

图 5-13 水塔水位自动控制系统仿真图

小　　结

本项目通过两个任务,介绍了中断的概念、中断的类型、中断的使用方法,通过边学边做的形式让学生掌握中断使用的步骤,包括中断的开放、寄存器的设置、工作方式的设置、中断函数的编写和使用(中断函数不同于普通函数,不需要调用语句),难点在四个专用寄存器的使用。

练习与思考题

一、选择题

1. MCS-51 系列单片机采用 12 MHz 的晶振,定时器 T1 为软启动,用作定时方式,采用工作方式 1,则方式寄存器 TMOD 的值为(　　)。

A. 0x10　　B. 0x01　　C. 0x20　　D. 0x50

2. MCS-51 系列单片机采用 12 MHz 的晶振,定时器 T0 为软启动,用作计数方式,采用工作方式 2,则方式寄存器 TMOD 的值为(　　)。

A. 0x02　　B. 0x06　　C. 0x05　　D. 0x50

3. 51 系列单片机定时/计数器 T0 用作计数功能时,外部脉冲由单片机(　　)引脚输入。

A. P3.2　　B. P3.3　　C. P3.4　　D. P3.5

4. MCS-51 系列单片机 CPU 开总中断语句是(　　)。

A. ET1 = 1　　B. ES = 1　　C. EA = 1　　D. EX0 = 1

二、填空题

1. 51 单片机采用 12 MHz 的晶振，用定时器 T1 方式 1 定时 40 ms，则初值 TH0 = ________，TL0 = ________，启动定时器 T1 的语句为________。

2. 单片机定时/计数器用作定时功能时，是对单片机内部________进行计数。

3. 单片机定时/计数器用作计数功能时，是对________进行计数。

三、上机操作题

结合数码管和定时/计数器相关知识，设计 1 位 LED 数码管显示 0 ~ 9 的简易秒表。

进阶篇

学习目标

◎"善"用单片机

学习对象

◎"熟手"和"高手"

学习内容

◎5个任务

学习框架

◎任务要求/学习目标/知识储备/任务实施

学习时长

◎建议40学时

学习方式

◎做中学

项目6 有事常联系——串行通信

任务 你来我往——甲机控制乙机彩灯显示系统

扫一扫

甲机控制乙机效果演示

任务要求

本任务通过单片机甲机控制乙机的彩灯闪烁显示系统(见图6-1),要求通过串行通信方式进行。

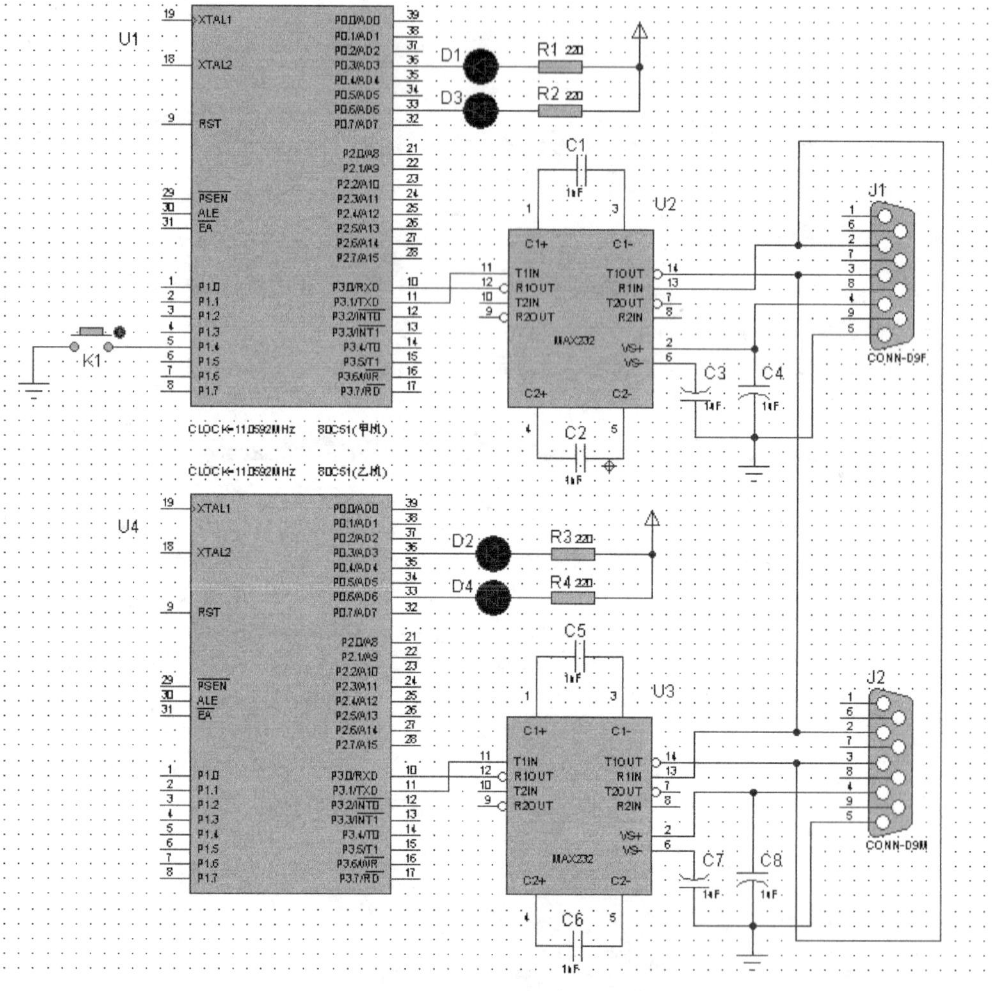

图6-1 甲机控制乙机电路图

学习目标

(1)掌握串行通信方式、制式。

(2)了解单片机串行口结构、工作原理及工作方式。

(3)熟练运用串行口通信方式实现单片机间的数据交换。

知识储备

一、串行通信基础

在较复杂系统中,往往存在包括单片机在内的多个智能芯片同时工作,这就需要各个智能芯片的协调。故单片机需要与其他单片机或智能芯片进行通信。

1. 串行通信与并行通信

在计算机系统中,通信是指部件之间的数字信号传输,通常有两种方式:并行通信和串行通信。并行通信,即数据的各位同时传送;串行通信,即数据一位一位地顺序传送。

图6-2为这两种通信方式的电路连接示意图。表6-1对两种通信方式进行了比较。

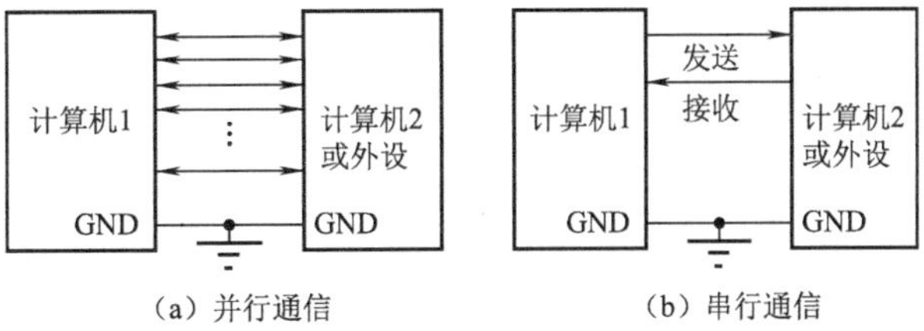

图6-2　两种通信方式的电路连接示意图

表6-1　并行通信与串行通信的比较

比较项	并行通信	串行通信
数据传送特点	数据的各位同时传送	数据一位一位地顺序传送
传输速率	快	慢
通信成本	高,传输线多	低,传输线少
适用场合	不支持远距离通信,主要用于近距离通信,如计算机内部的总线结构,即CPU与内部寄存器及接口之间就采用并行传输	支持远距离通信,计算机网络中所使用的传输方式均为串行传输。单片机与外设之间大多使用各类串行接口包括UART、USB、SPI、I2C等

2. 单工通信与双工通信

按照数据传送方向,串行通信可分为单工(simplex)、半双工(half duplex)和全双工(fall duplex)三种制式。图6-3为三种制式的示意图。

在单工制式下,通信一方只具备发送器,另一方则只具备接收器,数据只能按照一个固定的方向传送,如图6-3(a)所示。

在半双工制式下,通信双方都具有发送器和接收器,但同一时刻只能有一方发送,另一方接收；两个方向上的数据传送不能同时进行，其收发开关一般是由软件控制的电子开关，如图 6-3(b)所示。

在全双工制式下，通信双方都具有发送器和接收器，可以同时发送和接收，即数据可以在两个方向上同时传送，如图 6-3(c)所示。

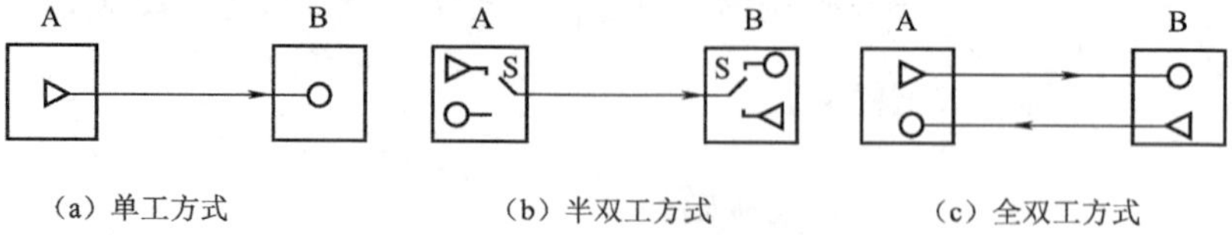

图 6-3 串行通信制式

在实际应用中，尽管多数串行通信接口电路具有全双工功能，但一般情况下，只工作于半双工制式下，这种制式简单、实用。

3. 异步通信与同步通信

按照串行数据的时钟控制方式，串行通信可分为异步通信和同步通信两类。

1)异步通信(asynchronous communication)

在异步通信中，数据通常是以字符为单位组成字符帧传送的。字符帧由发送端一帧一帧地发送，每一帧数据是低位在前、高位在后，通过传输线由接收端一帧一帧地接收。发送端和接收端分别使用各自独立的时钟来控制数据的发送和接收，这两个时钟彼此独立，互不同步。

异步通信的好处是通信设备简单、便宜，但由于要传输其字符帧中的开始位和停止位，因此异步通信的开销所占比例较大，传输效率较低。

异步通信有两个比较重要的指标：字符帧和波特率。

(1)字符帧(character frame)。字符帧又称数据帧，由起始位、数据位、奇偶校验位和停止位四部分组成，如图 6-4 所示。

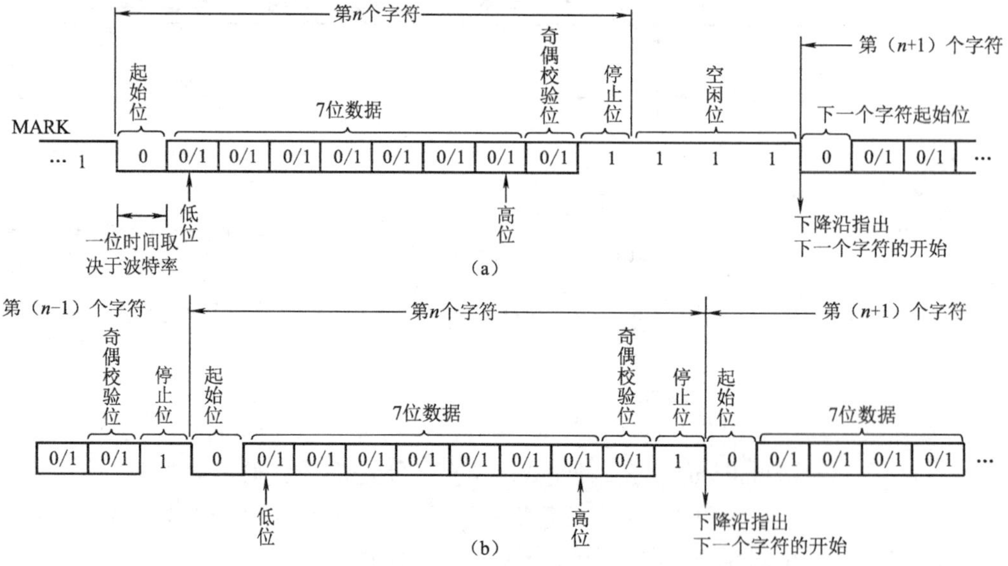

图 6-4 异步通信的字符帧格式

①起始位:位于字符帧开头,只占1位,为逻辑0(低电平),用于向接收设备表示发送端开始发送一帧信息。

②数据位:紧跟起始位之后,根据情况可取5位、6位、7位或8位,低位在前,高位在后。

③奇偶校验位:位于数据位之后,仅占1位,用来表示串行通信中采用奇校验还是偶校验,由用户编程决定。

④停止位:位于字符帧最后,为逻辑1(高电平)。通常可取1位、1.5位或2位,用于向接收端表示一帧字符信息已经发送完毕,也为发送下一帧做准备。

在串行通信中,两相邻字符帧之间可以没有空闲位,也可以有若干空闲位,这由用户来决定。图6-4(a)表示无空闲位的字符帧格式,图6-4(b)表示有三个空闲位的字符帧格式。

小提示

为了确保传送的数据准确无误,在串行通信中,经常在传送过程中进行相应的检测,奇偶校验是常用的检测方法。

奇偶校验的工作原理:P是专用寄存器PSW的最低位,它的值根据累加器A的运算结果而变化。如果A中"1"的个数为偶数,则P=0;如果A中"1"的个数为奇数,则P=1。如果在进行串行通信时,把A的值(数据)和P的值(代表所传数据的奇偶性)同时发送,那么接收到数据后,也对接收数据进行一次奇偶校验。如果核验结果相符(校验后P=0,而传送过来的校验位也等于0;或者校验后P=1,而传送过来的校验位也等于1),就认为接收到的数据是正确的;反之,则是错误的。

异步通信在发送字符时,数据位和停止位之间可以有1位奇偶校验位。

(2)波特率(baud rate)。波特率为每秒传送二进制数码的位数,单位为Bd或bit/s。波特率用于表示数据传输的速率,波特率越高,数据传输的速率越快。通常,异步通信的波特率为50~19 200 bit/s。

小问题

波特率和字符的实际传输速率一样吗?有什么区别?

答:二者不一样,波特率为每秒传送二进制数码的位数,用于表示数据传输的速率,波特率越高,数据传输的速率越快。但波特率和字符的实际传输速率不同,字符的实际传输速率是每秒所传字符帧的帧数,和字符帧格式有关。

2)同步通信(synchronous communication)

同步通信是一种连续串行传送数据的通信方式,一次通信只传输一帧信息。这里的信息帧和异步通信的字符帧不同,通常有若干个数据字符,如图6-5所示。它由同步字符、数据字符和校验字符CRC三部分组成。在同步通信中,同步字符可以采用统一的标准格式,也可以由用户约定。同步通信的缺点是要求发送时钟和接收时钟保持严格的同步。

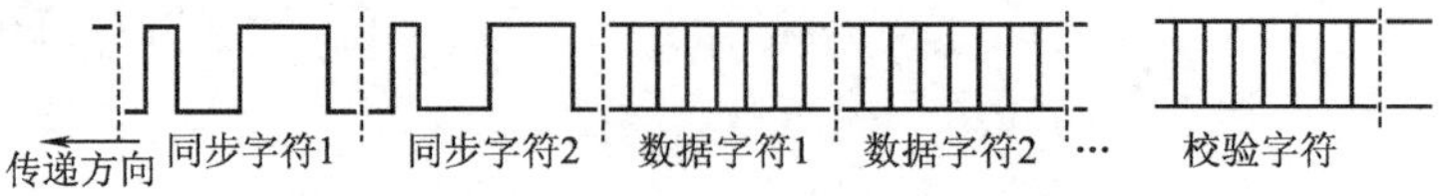

图 6-5　同步通信的字符帧格式

小问题

同步通信与异步通信各自的优缺点是什么？

答：同步通信的优点是数据传输速率较高，通常可达 56 000 bit/s 或更高，其缺点是要求发送时钟和接收时钟必须保持严格同步。

异步通信的优点是不需要发送与接收时钟同步，字符帧长度不受限制，故设备简单；缺点是字符帧中因包含起始位和停止位而降低了有效数据的传输速率。

二、51 单片机的串行通信接口

51 单片机内部集成了 1 ~2 个可编程通用异步串行通信接口（UART），简称“串行通信接口”或“串行口”或“串行接口”采用全双工制式，可以同时进行数据的接收和发送，也可用作同步移位寄存器。该串行通信接口有四种工作方式，可以通过软件编程设置为 8 位、10 位和 11 位的帧格式，并能设置各种波特率。

1. 串行通信接口结构

51 单片机的异步串行通信接口内部结构如图 6-6 所示，主要由串口数据缓冲器 SBUF、串口控制寄存器 SCON 和波特率发生器构成，外部引脚有串行数据接收端 RXD（P3.0）和串行数据发送端 TXD（P3.1）。

串行口数据缓冲器 SBUF 用于存放发送/接收的数据；串行口控制寄存器 SCON 用于控制串行接口的工作方式、表示串行接口的工作状态；波特率发生器由定时器 T1 构成，波特率与单片机晶振频率、定时器 T1 初值、串行口工作方式以及波特率选择位 SMOD 有关。

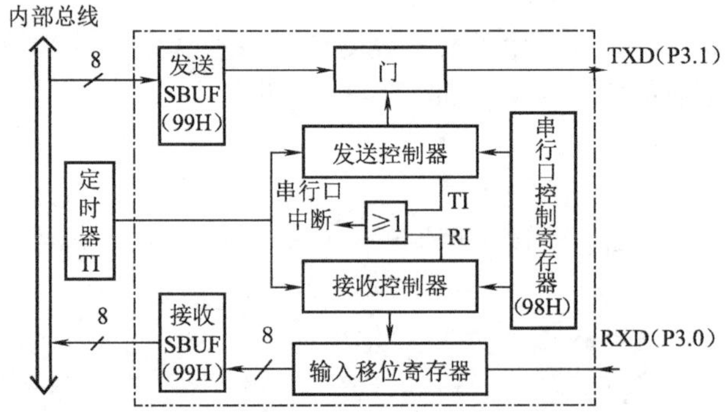

图 6-6　51 单片机的异步串行接口内部结构

两个基于单片机设备的相互通信称为双机通信。通信双方只连接了三根线，甲方（乙方）发送端 TXD 与乙方（甲方）接收端 RXD 相连，同时双方共地。

双机通信的控制程序设计主要包括串口初始化和数据发送/接收两大模块，其中，串口初始化实现工作方式设置、波特率设置、启动波特率发生器和允许接收等功能。在进行双机通信时，两机应采用相同的工作方式和波特率，因此收、发双方的串口初始化程序模块基本相同，采用查询方式的发送、接收程序参见程序 ex6-1-1.c。

2. 设置工作方式

51 单片机的串行接口有四种工作方式,可通过写串口控制寄存器 SCON 来设置。

1)串口控制寄存器 SCON

SCON 用来控制串行接口的工作方式和状态,可以进行位寻址,字节地址为 0x98。单片机复位时,所有位全为 0,其格式如表 6-2 所示。

表 6-2　SCON 格式

位序号	D7	D6	D5	D4	D3	D2	D1	D0
位符号	SM0	SM1	SM2	REN	TB8	RB8	TI	RI
位地址	9FH	9EH	9DH	9CH	9BH	9AH	99H	98H

SCON 各位的含义见表 6-3。

表 6-3　SCON 各位的含义

<table>
<tr><th colspan="2">控制位</th><th colspan="5">说　明</th></tr>
<tr><td rowspan="5">SM0
SM1</td><td rowspan="5">工作方式选择位</td><td>SM0</td><td>SM1</td><td>工作方式</td><td>功能</td><td>波特率</td></tr>
<tr><td>0</td><td>0</td><td>方式 0</td><td>移位寄存器方式</td><td>$f_{osc}/12$(f_{osc}为时钟频率)</td></tr>
<tr><td>0</td><td>1</td><td>方式 1</td><td>8 位异步通信方式</td><td>可变</td></tr>
<tr><td>1</td><td>0</td><td>方式 2</td><td>9 位异步通信方式</td><td>$f_{osc}/64$ 或 $f_{osc}/32$</td></tr>
<tr><td>1</td><td>1</td><td>方式 3</td><td>9 位异步通信方式</td><td>可变</td></tr>
<tr><td>SM2</td><td>多机通信控制</td><td colspan="5">在方式 0 中,SM2 应为 0。在方式 1 处于接收时,若 SM2 = 1,则只有当收到有效的停止位后,RI 才置 1。在方式 2、方式 3 处于接收方式时,若 SM2 = 1,且接收到的第 9 位数据 RB8 = 0 时,则不激活 RI;若 SM2 = 1,且 RB8 = 1 时,则置 RI = 1。在方式 2、方式 3 处于发送方式时,若 SM2 = 0,则不论接收到的第 9 位 RB8 为 0 还是为 1,TI、RI 都以正常方式被激活</td></tr>
<tr><td>REN</td><td>允许串行接收位</td><td colspan="5">由软件置位或清 0。REN = 1 时,允许接收;REN = 0 时,禁止接收。在本任务中,由于乙机用于接收数据,因此 REN = 1,允许乙机接收</td></tr>
<tr><td>TB8</td><td>发送数据的第 9 位</td><td colspan="5">在方式 2 和方式 3 中,由软件置位或清 0。一般可做奇偶校验位。在多机通信中,可作为区别地址帧或数据帧的标志位,一般约定地址帧时 TB8 为 1,数据帧时 TB8 为 0</td></tr>
<tr><td>RD8</td><td>接收数据的第 9 位</td><td colspan="5">接收到的 RD8 数据编码规则与 TB8 发送的数据编码规则相同</td></tr>
<tr><td>TI</td><td>发送中断标志位</td><td colspan="5">在方式 0 中,发送完 8 位数据后,由硬件置位;在其他方式中,在发送停止位之初由硬件置位。因此,TI = 1 是发送完一帧数据的标志,其状态既可供软件查询使用,也可请求中断。TI 位必须由软件清 0</td></tr>
<tr><td>RI</td><td>接收中断标志位</td><td colspan="5">在方式 0 中,接收完 8 位数据后,由硬件置位;在其他方式中,当接收到停止位时该位由硬件置位。因此,RI = 1 是接收完一帧数据的标志,其状态既可供软件查询使用,也可请求中断。RI 位也必须由软件清 0</td></tr>
</table>

例如:下述语句定义串接口工作于方式 1,并允许接收数据。

```
SCON = 0x50;             //定义串口工作方式1,并允许接收数据
```

2)串口工作方式

(1)方式 0。在方式 0 下,串口作同步移位寄存器使用,其波特率固定为 $f_{osc}/12$。

串行数据从 RXD(P3.0)端输入或输出,同步移位脉冲由 TXD(P3.1)端输出。这种方式通常用于扩展 I/O 端口。

(2)方式1。在方式1下,串口为波特率可调的10位UART,发送或接收的一帧信息包括1位起始位0、8位数据位和1位停止位1。其帧格式如图6-7所示。

0	D0	D1	D2	D3	D4	D5	D6	D7	1

图6-7　方式1下10位帧格式

发送时,当数据写入 SBUF 后,启动发送器发送,数据从 TXD 输出。当发送完一帧数据后,置中断标志 TI 为1。方式1下的波特率取决于定时器1的溢出率和 PCON 中的 SMOD 位。

接收时,REN 置1,允许接收,串口采样 RXD,当采样由1到0跳变时,确认是起始位"0",开始接收一帧数据。当 R1 =0,且停止位为1或 SM2 =0 时,停止位进入 RB8 位,同时置中断标志 R1;否则信息将丢失。所以,采用方式1接收时,应先用软件清除 R1 或 SM2 标志。

(3)方式2。在方式2下,串口为11位UART,传送波特率与SMOD有关。发送或接收的一帧数据包括1位起始位0、8位数据位、1位可编程位(用于奇偶校验)和1位停止位1,其帧格式如图6-8所示。

0	D0	D1	D2	D3	D4	D5	D6	D7	0/1	1

图6-8　方式2下11位帧格式

发送时,先根据通信协议由软件设置 TB8,然后将要发送的数据写入 SBUF,启动发送。写 SBUF 的语句,除了将8位数据送入 SBUF 外,同时还将 TB8 装入发送移位寄存器的第9位,并通知发送控制器进行一次发送,一帧信息即从 TXD 发送。在发送完一帧信息后,TI 被自动置1,在发送下一帧信息之前,TI 必须在中断服务程序或查询程序中清0。

当 REN =1 时,允许串口接收数据。当接收器采样到 RXD 端的负跳变,并判断起始位有效后,数据由 RXD 端输入,开始接收一帧信息。当接收器接收到第9位数据后,若同时满足以下两个条件:RI =0 和 SM2 =0 或接收到的第9位数据为1,则接收数据有效,将8位数据送入 SBUF,第9位数据送入 RB8,并置 RI =1。若不满足上述两个条件,则信息丢失。

(4)方式3。方式3为波特率可调的11位 UART 通信方式,除了波特率以外,方式3与方式2完全相同。

3. 设置波特率

51单片机的串口通过编程可以有四种工作方式,其中方式0和方式2的波特率是固定的,方式1和方式3的波特率可调,由定时器 T1 的溢出率决定。

1)方式0和方式2

在方式0中,波特率为时钟频率的1/12,即 $f_{osc}/12$,固定不变。

在方式2中,波特率取决于 PCON 中的 SMOD 值,当 SMOD =0 时,波特率为 $f_{osc}/64$;

当 SMOD = 1 时，波特率为 $f_{osc}/32$，即波特率 $\frac{2^{SMOD}}{64}\times f_{osc}$。

2）方式 1 和方式 3

在方式 1 和方式 3 下，波特率由定时器 T1 的溢出率和 SMOD 共同决定，即

$$波特率=\frac{2^{SMOD}}{32}\times T1溢出率$$

式中，T1 的溢出率取决于单片机定时器 T1 的计数速率和定时器的预置值。当定时器 T1 设置在定时方式时，定时器 T1 溢出率 = T1 计数速率/产生溢出所需机器周期数，T1 计数速率 $=f_{osc}/12$，产生溢出所需机器周期数 = 定时器最大计数值 M - 计数初值 X，所以串口工作在方式 1 和方式 3 时的波特率计算公式如下：

$$波特率=\frac{2^{SMOD}}{32}\times\frac{f_{osc}}{12\times(M-X)}$$

实际上，当定时器 T1 做波特率发生器使用时，通常是工作在定时器的方式 2 下，即作为一个自动重装载初值的 8 位定时器，TL1 做计数用，自动重装载的值在 TH1 内。此时，$M=256$，可得：

$$波特率=\frac{2^{SMOD}}{32}\times\frac{f_{osc}}{12\times(256-X)}$$

$$计数初值=256-\frac{2^{SMOD}}{32}\times\frac{f_{osc}}{12\times 波特率}$$

综上所述，设置串口波特率的步骤如下：

（1）写 TMOD，设置定时器 T1 的工作方式；

（2）给 TH1 和 TL1 赋值，设置定时器 T1 的初值 X；

（3）置位 TR1，启动定时器 T1 工作，即启动波特率发生器。

例如，如果 $f_{osc}=11.059\ 2$ MHz，要求设置串口通信的波特率为 2 400 bit/s。对照表 6-4，定时器 T1 工作于方式 2，初始值应为 0xF4。波特率的设置程序段如下：

```
TMOD = 0x20;          //定时器 T1 工作于方式 2 下
TL1 = 0xf4;           //初始值设置，波特率为 2 400 bit/s
TH1 = 0xf4;
TR1 = 1;
```

表 6-4　常用的波特率及获得方法

波特率	f_{osc}/MHz	SMOD	定时器 T1		
			$C/\overline{T}$	方式	初始值
方式 0：1 Mbit/s	12	×	×	×	×
方式 2：375 kbit/s	12	1	×	×	×
方式 1、方式 3：62.5 kbit/s	12	1	0	2	0xFF
19.2 kbit/s	11.059 2	1	0	2	0xFD
9.6 kbit/s	11.059 2	0	0	2	0xFD
4.8 kbit/s	11.059 2	0	0	2	0xFA
2.4 kbit/s	11.059 2	0	0	2	0xF4

续表

波特率	f_{osc}/MHz	SMOD	定时器 T1		
			C/$\overline{T}$	方式	初始值
1.2 kbit/s	11.059 2	0	0	2	0xE8
137.5 kbit/s	11.986	0	0	2	0X1D
110 bit/s	6	0	0	2	0x72
110 bit/s	12	0	0	1	0xFEEB

小问题

对于增强型51单片机,如STC89C516RD+,若使用的晶振频率为f_{osc}=22.118 4 MHz,需设定波特率为9 600 bit/s,应如何编写串口通信初始化程序段?

答:程序段如下。

```
SCON=0x40;          //定义串行口工作于方式1
TMOD=0x20;          //定时器T1工作于方式2
TL1=0xfa;           //波特率定义
TH1=0xfa;
TR1=1;
```

三、51单片机串口工作过程

51单片机串口可以采用查询方式或中断方式进行串行通信编程。

1. 查询方式串行通信程序设计

查询方式的工作过程如下:

1)发送过程

(1)串口初始化。设置工作方式(帧格式)、设置波特率(传输速率)、启动波特率发生器(T1)。串口初始化程序段如下:

```
TMOD=0x20;              //定时器T1工作在方式2
TL1=0xf4;               //波特率为2 400 bit/s
TH1=0xf4;
TR=1;
SCON=0x40;              //定义串口工作在方式1
```

(2)发送数据。将要发送的数据送入SBUF,即可启动发送。此时串口自动按帧格式将SBUF中的数据组装为数据帧,并在波特率发生器的控制下将数据帧逐位发送到TXD端(最低位先发)。当发送完一帧数据后,单片机内部自动置中断标志TI为1。

(3)判断一帧是否发送完毕。判断TI是否为1,若为1,则表示发送完毕,可以继续发送下一帧;否则,继续判断直至发送结束。

```
while(TI==0);        //查询等待发送是否完成
```

(4)清0发送标志位TI。

```
TI = 0;              //发送完成,TI由软件清0
```

(5)跳转到(2),继续发送下一帧数据。

2)接收过程

(1)串口初始化。设置工作方式(帧格式)、设置波特率(传输速率)、启动波特率发生器(T1)。值得注意的是,发送方和接收方的初始化必须一致。

(2)允许接收。置位SCON寄存器的REN位。此时串口采样RXD,当采样到由1到0跳变时,确认是起始位"0",开始在波特率发生器的控制下将RXD端接收的数据逐位送入SBUF,一帧数据接收完毕后单片机内部自动置中断标志RI为1。

```
REN = 1;             //接收允许
```

(3)判断是否接收到一帧数据。判断RI是否为1,若为1,则表示接收完毕,接收到的数据已存入SBUF;否则,继续判断直至一帧数据接收完毕。

```
while(RI == 0);      //查询等待接收标志为1,表示接收到数据
```

(4)清0接收标志位RI。

```
RI = 0;              //RI由软件清0
```

(5)转存数据。读取SBUF中的数据并装载到存储器中。

```
Buffer[i] = SBUF;    //接收数据
```

(6)跳转到(2),继续接收下一帧数据。

小提示

> 串行通信的方式1、方式2和方式3都可以按照上述接收和发送过程来完成通信。对于方式0,接收和发送数据都由RXD引脚实现,TXD引脚输出同步移位时钟脉冲信号。

2. 中断方式串行通信程序设计

在很多应用中,双机通信的接收方采用中断方式来接收数据,以提高CPU的工作效率,发送方仍采用查询方式。

51单片机串口中断分为发送中断和接收中断两种。每当串口发送或接收完一帧数据后,串口电路自动将串口控制寄存器SCON中的TI、RI中断标志位置位,并向CPU发出串口中断请求,CPU响应串口中断后便立即转入串口中断服务程序执行。

51单片机串口的中断类型号是4,其中断服务程序格式如下:

```
void 函数名() interrupt 4 [using n]
```

其中,n为单片机工作寄存器组的编号,共四组,取值为0、1、2、3,默认值为0。

如采用中断方式编写,参考程序如下:

```
//功能:乙机接收程序,采用中断方式实现
#include <reg51.h>          //包含头文件reg51.h,定义51单片机的
                            //专用寄存器
```

```
    code unsigned char tab[] = {0xc0,0xf9,0xa4,0xb0,0x99,0x92,0x82,
0xf8,0x80,0x90};
                                   //定义 0 ~9 共阳极显示字形编码
    unsigned char buffer[] = {0x00,0x00,0x00,0x00,0x00,0x00};
                                   //定义接收数据缓冲区
    unsigned char i;               //定义全局变量 i
    void main()                    //主函数
    {
      TMOD=0x20;                   //定义定时器 T1 工作于方式 2
      TL1=0xf4;                    //波特率定义
      TH1=0xf4;
      TR1=1;
      SCON =0x40;                  //定义串口工作于方式 1
      REN =1;                      //接收允许
      ES =1;                       //开串口中断
      EA =1;                       //开总中断允许位
      i =0;
      while(1)disp();              //显示函数 disp()参见 ex4-2.c
    //函数名:serial
    //函数功能:串口中断接收数据
    //形式参数:无
    //返回值:无
      void serial()interrupt 4     //串口中断类型号为 4
      EA =0;                       //关中断
      RI =0;                       //软件清除中断标志位
      buffer[i] =SBUE;             //接收数据
      i++;
      if(i==6)i=0;
    EA =1;                         //开中断允许位
  }
```

小提示

数据传送可采用中断和查询两种方式编程。无论用哪种方式,都要借助于 TI 或 RI 标志。串口发送时,当 T1 置 1(发送完一帧数据)后向 CPU 申请中断,在中断服务程序中要用软件把 TI 清 0,以便发送下一帧数据。采用查询方式时,CPU 不断查询 TI 的状态,只要 TI 为 0 就继续查询,TI 为 1 就结束查询。TI 为 1 后也要及时用软件把 TI 清 0,以便发送下一帧数据。

四、串行通信协议

通信协议是通信双方必须共同遵守的包括数据格式、同步方式、传输速率、传送步骤、纠错方式等而做出的同一规定协议。

1. 常用串行通信协议

微处理器中常用的集成串行总线包括通用异步接收发送设备(UART)。串行外设接口(serial peripheral interface,SPI)、集成电路总线(I^2C)等,而微处理器与外设的接口则主要有美国的电子工业协会(EIA)的串行通信接口(RS-232、RS-422 和RS-485)、通用串行总线(USB)以及 IEEE,1394 接口(Fire Wire)等。

1)通用异步串行接口(UART)

UART 是一种通用串行数据总线,用于异步通信。该总线可以实现全双工通信,即双向同时传送和接收。在嵌入式设计中。UART 用于微处理器控制外围器件与 PC 进行通信。本项目中讨论的 51 单片机串行接口即为 UART 接口。

目前市场上,使用的 UART 接口有两种:异步通信接口、异步与同步通信接口。例如:摩托罗拉微控制器中的串行通信接口(SCI)只支持异步通信接口;而微芯微控制器中的通用同步/异步收发器、富士通微控制器中的 UART,51 单片机中的串行通信接口 UART 都是同时支持异步通信和同步通信的典型实例。

2)串行外设接口(SPI)

串行外设接口(SPI)是由摩托罗拉公司开发的全双工同步串行总线。该总线大量用在与 E^2PROM、ADC、FRAM 等寄存器和显示驱动器之类的慢速外设器件通信。

该总线的通信方式采用主从配置方式。它有以下四个信号:MOSI(主出/从入)、MISO(主入/从出)、SCK(串行时钟)、SS(从属选择)。芯片上 SS 的引脚数决定了可连到总线上的器件数量,在 SPI 传输过程中,数据是同步进行发送和接收的。数据传输的时钟来自主处理器的时钟脉冲 SCK。

SPI 传输串行数据时首先传输最高位,波特率可达 5 Mbit/s,具体速率取决于 SPI 硬件。例如,Xicor 公司的 SPI 串行器件传输速率能达到 5 Mbit/s

AVR Atmega 16 单片机中就集成了 SPI 通信接口。很多外部接口芯片也是采用 SPI 通信接口,例如时钟模块 S35190A。

3)集成电路总线(I^2C)

I^2C 总线是由飞利浦公司推出的芯片间串行传输总线。它以两根连线实现完善的全双工同步数据传送,可以方便地构成多机系统和外围设备扩展系统。它是同步通信的一种特殊形式,具有接口线少,控制方式简单,器件封装体积小,通信速率较高等优点。它已经成为微电子通信控制领域广泛应用的一种总线标准。

I^2C 总线由 SDA(串行数据线)和 SCL(串行时钟线)两根线构成。可在 CPU 与被控 IC 之间、IC 与 IC 之间进行发送和接收数据的双向传送,总线上的每个器件通过软件寻址来识别。

I^2C 总线支持多主和主从两种工作方式,但通常为主从工作方式。在主从工作方式中,总线上只有一个主控器件(单片机),连接在总线上的任何器件都是具有 I^2C 总线的从器件。主控器件控制信号的传输和时钟频率。

小提示

IC 器件的 I^2C 总线接口通常都是开漏或开集电极输出，因此使用时在总线上都要连接上拉电阻。如果传输速率为 100 kbit/s，可以选择 10 kΩ 的上拉电阻。一般来说，传输速率越快，选择的上拉电阻越小。

该总线网络中的每一器件都预指定一个 7 位和 10 位的地址，飞利浦公司给器件制造商分配器件地址。10 位寻址的优点是允许更多的器件（高达 1 024 个）布置在总线网络中。需要考虑的是，总线中器件的数目受限于总线的电容量，而总线的电容量必须限制在 400 pF 以内。

I^2C 总线设计用于三种数据传输速率，三种数据传输速率都具有向下兼容性：

(1)低速，数据传输速率为 0 ~ 100 kbit/s；

(2)快速，数据传输速率可高达 400 kbit/s；

(3)高速，数据传输速率可高达 3.4 Mbit/s，其数据传输首先从最高位开始。

2. EIA 串行通信标准

RS－232、RS－422 和 RS－485 是由 EIA 制定并发布的异步串行通信标准，其中 RS－232 在 PC 及工业通信中被广泛采用，如录像机、计算机以及许多工业控制设备上都配有 RS－232 串行通信接口。

通常 RS－232 接口以 9 个引脚（DB－9）或以 25 个引脚（DB－25）的形态出现。一般 PC 上会有一至两组 RS－232 接口，分别称为 COM1 和 COM2。RS－232 标准规定，采用 150 pF/m 的通信电缆时，最大通信距离为 15 m，最高传输速率为 20 kbit/s。

1)RS－232－C 的帧格式

RS－232－C 为异步串行通信标准，字符帧格式与 UART 相同。该标准规定：数据帧的开始为起始位，数据本身可以是 5 位、6 位、7 位或 8 位，1 位奇偶校验位，最后为停止位，数据帧之间用“1”表示空闲位。

2)RS－232－C 的电气标准

RS－232－C 的电气标准采用下面的负逻辑。逻辑“0”对应 +5 V ~ +15 V；逻辑“1”对应 −5 V ~ −15 V。因此，RS－232－C 不能和 TTL 电平直接相连，否则将使 TTL 电路烧坏。在实际应用中，RS－232－C 和 TTL 电平之间必须进行电平转换，该电平的转换可采用得州仪器公司推出的电平转换集成电路 MAX232。

3)RS－232－C 的总线规定

RS－232－C 标准总线为 25 根，可采用标准的 DB－25 和 DB－9 的 D 形插头。目前计算机上只保留了两个 DB－9 插头，作为主板 COM1 和 COM2 两个串行通信接口的连接器。

五、串口的 I/O 端口拓展

51 单片机内部有四个双向并行 I/O 口 P0 ~ P3，如果需要进行系统扩展，P0 口分时作为低 8 位地址线和数据线，P2 口作为高 8 位地址线，且 P3 口的第二功能也经常被使用。在实际应用中,很多场合需要扩展并行 I/O 口。

扩展并行 I/O 口的方法有很多,这里介绍使用最广泛的采用串口扩展并行 I/O 口的方法。

1. 常用串口扩展并行输入口

51 单片机有一个全双工的串口,其工作方式 1 ~ 方式 3 用于异步串行通信,工作方式 0 用于同步串行输入/输出。利用串口的方式 0,可以实现并行 I/O 口的扩展。

利用 51 单片机的串口扩展 16 位并行输入口的实用电路如图 6-9 所示。单片机的 P3.0(RXD)引脚是串行数据的输入端,P3.1(TXD)引脚送出 74LS165 的移位脉冲,P3.1 引脚连接 74LS165 的时钟端 CLK,P2.5 引脚与它们的控制端 S/L(图中的 SH/$\overline{LD}$)相连。

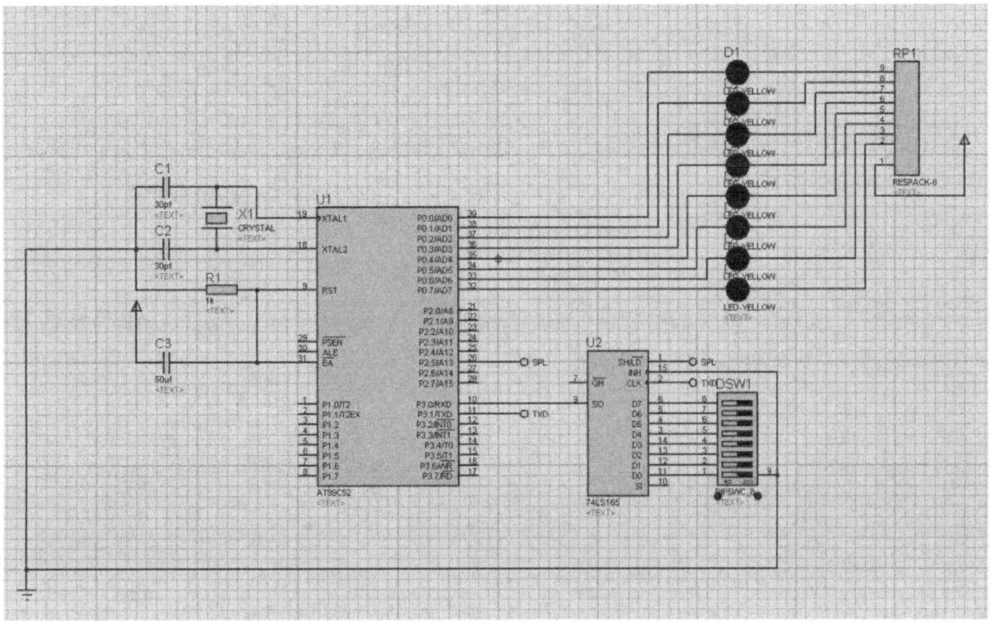

图 6-9　串行通信接口扩展并行输入电路图

74LS165 引脚的说明如下:

(1)D0 ~ D7:并行输入口。

(2)$\overline{QH}$(SO):串行输出口。

(3)CLK:时钟输入。

(4)SIN:串行输入口,通过它可以将多个 74LS165 连接起来。

(5)$S/\overline{L}$:移位/装载数据控制。当 $S/\overline{L}$ 为低电平时,将并行输入口上的数据送入寄存器中;当为高电平时,允许 TXD(P3.1)串行移位脉冲输入,这时在移位脉冲作用下,数据由右向左方向移动,以串行方式进入串口的接收缓冲器中。

2. 常用串口扩展并行输出口

图 6-10 给出了采用串口扩展并行输出口的方法,控制四个数码管的显示。

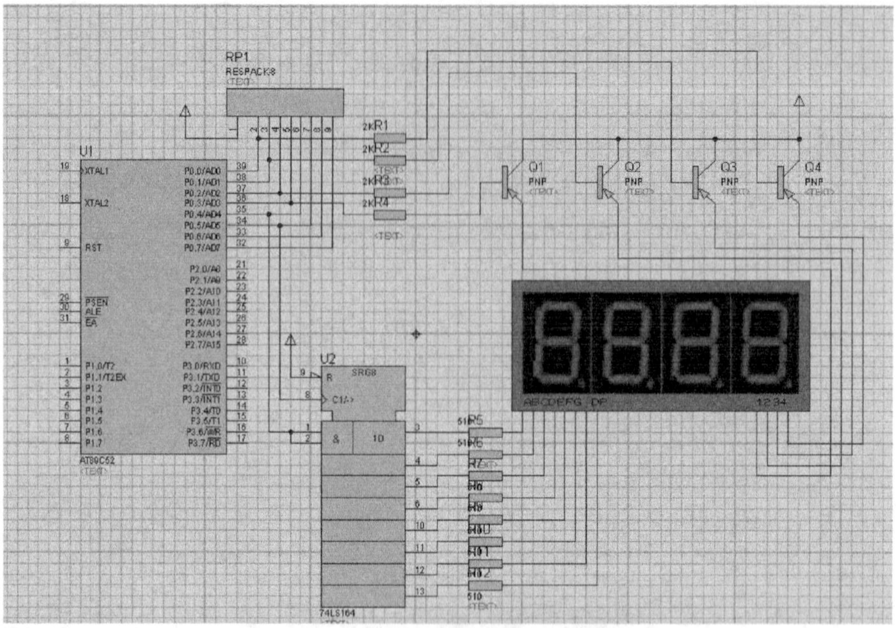

图 6-10　串口扩展并行输出电路图

所采用的 74LS164 是一个串入并出的 8 位移位寄存器，其引脚图如图 6-11 所示。其中，Q0～Q7 为并行输出端；A、B 为串行输入端。$\overline{MR}$为清除端，当$\overline{MR}$=0 时，输出清 0；CP 为时钟输入端。

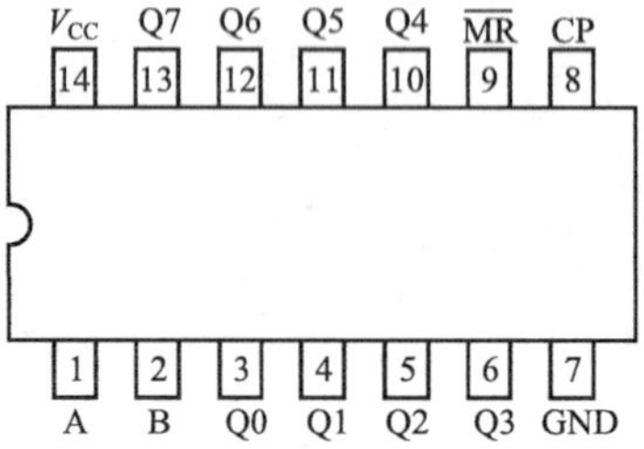

图 6-11　74LS164 引脚图

小提示

74LS164 无并行输出控制端，在串行输入过程中，其输出端的状态会不断变化，故在某些使用场合，在 74LS164 与输出装置之间，还应加上输出可控的缓冲器（如 74LS244），以便串行输入过程结束后再输出。另外，由于 74LS164 在低电平输出时，允许通过的电流可达 8 mA，故不需再加驱动电路。

任务实施

一、硬件电路分析与设计

硬件电路图如图 6-1 所示。

二、源程序设计

根据任务分析,甲机将串行输入信号发送给乙机,同时信号显示在甲机的发光二极管上,当乙机接收到信号时,乙机的发光二极管显示接收到的信号,当两者显示一致时,表示串行通信成功,具体程序如下:

```
//甲机程序 ex6-1-1.c
#include <reg51.h>
#define uchar unsigned char
#define uint unsigned int
sbit LED2 = P0^6;
sbit LED1 = P0^3;
sbit K1 = P1^4;                     //延时
void Delay(uint x)
{
  uchar i;
  while(x--)for(i=0;i<120;i++);
}
                                    //向串口发送字符
void putm_to_SP(uchar m)
{
  SBUF=m;while(TI==0);TI=0;
}
                                    //主程序
void main()

{
  uchar num;
  num=0;
  LED2 = LED1 =1;                   //关闭 LED
  IE=0xFF;                          //允许中断
  SCON=0x40;                        //串口工作在方式1(01000000)
  TMOD=0x20;                        //T1 工作模式2,8 位自动装载
  PCON=0x00;                        //波特率不增倍
  TH1 =0xFD;                        //波特率为 9 600 bit/s
  TL1 =0xFD;
  TI=0;
  TR1 =1;                           //启动定时器 T1
  while(1)
{
                                    //按下 K1 时选择操作代码 0,1,2,3
```

```
  if(K1==0)
{
  while(K1==0);
  num=(num+1)% 4;
}
//根据操作代码发送X/A/B/C
switch(num)
{
  case 0:
  LED1 =LED2 =1;
  break;
  case 1:putm_to_SP('A');
  LED1 = ~LED1;LED2 =1;
  break;
  case 2:putm_to_SP('B');
  LED2 = ~LED2;LED1 =1;
  break;
  case 3:putm_to_SP('C');
  LED1 = ~LED1;LED2 =LED1;
  break;
}
Delay(100);
}
}
//乙机程序ex6-1-2.c
#include <reg51.h>
#define uchar unsigned char
#define uint unsigned int

sbit LED1 =P0^3;
sbit LED2 =P0^6;
void Delay(uint x)                    //延时
{
  uchar i;
  while(x--)for(i=0;i<120;i++);
}
//主程序
void main()
{
```

```
    IE = 0xff;
    SCON = 0x50;
    TMOD = 0x20;
    TH1 = 0xFD;
    TL1 = 0xFD;
    RI = 0;
    TR1 = 1;
    LED1 = LED2 = 1;
    while(1)
    {
     if(RI)
     {
      RI = 0;
      switch(SBUF)
      {
         case 'A':LED1 = ~LED1;LED2 = 1;break;
         case 'B':LED2 = ~LED2;LED1 = 1;break;
         case 'C':LED1 = ~LED1;LED2 = LED1;break;
      }
     }
      else LED1 = LED2 = 1;
      Delay(100);
    }
}
```

三、仿真结果

将 Keil C51 软件编译生成的 hex 文件加载到单片机芯片中。单击“运行”按钮，启动系统仿真，甲、乙机发光二极管显示状态一致，表示通信成功。

小　　结

本项目通过用 MCS－51 单片机甲机串口控制乙机彩灯显示系统设计过程，完成串行通信控制彩灯闪烁效果的软、硬件设计，让读者了解串行通信的原理及工作方式，学习如何用 C 语言编程来控制单片机的简单双机通信操作。

练习与思考题

一、选择题

1. 异步通信的数据格式由起始位、数据位、奇偶校验位和停止位组成，帧与帧之间可以有(　　)。

A. 起始位　　B. 数据位　　C. 奇偶校验位　　D. 空闲位

2. 同步通信方式以多个字符组成的数据位为传输单位，连续地传送数据，(　　)作为起始位以触发同步时钟开始发送或接收数据。

A. 起始字符　　B. 同步字符　　C. 停止字符　　D. 通信字符

3. MCS－51 系列单片机串行接口中有两个串行数据缓冲器，两个数据缓冲器使用同一符号 SBUF，共用一个地址(　　)，根据读、写指令来确定访问其中哪一个。

A. 98H　　B. 99H　　C. 97H　　D. 96H

4. SCON 用于控制串行接口的工作方式，同时还发送和接收第(　　)位数据及串行口中断标志位。

A. 6　　B. 7　　C. 8　　D. 9

5. (　　)是串行口工作方式选择位，由软件设定。

A. TB8　　B. SM1、SM2　　B. SM0、SM1　　D. RI

6. (　　)是多机通信控制位，由软件设定，用于方式 2 或方式 3 多机通信。

A. SM3　　B. SM0　　C. SM1　　D. SM2

7. 当 SM0＝(　　)、SM1＝(　　)时，串行口工作于方式 2。

A. 0、0　　B. 0、1　　C. 1、0　　D. 1、1

8. 当 SM0＝(　　)、SM1＝(　　)时，串行口工作于方式 3。

A. 0、0　　B. 0、1　　C. 1、0　　D. 1、1

9. 多机通信时，各从机在初始化时置(　　)，都只能接收主机发送的地址帧。

A. SM1＝1　　B. SM1＝0　　C. SM2＝1　　D. SM2＝0

10. 多机通信时，被寻址的从机与主机通信完毕，重新置(　　)，恢复初始状态。

A. SM1＝1　　B. SM1＝0　　C. SM2＝1　　D. SM2＝0

二、填空题

1. 计算机与外界的信息交换称为通信。通信的基本方式有两种，分别是________和________。

2. 异步通信方式不要求________时钟和________时钟同步。发送端发送完一个字符帧后，可经过________时间间隔再发送下一个。

3. 同步通信时________和________必须先建立同步关系(即双方的时钟要调整到同一个频率)，才能进行数据的传输。

4. 串行通信按照数据传送方向可分为三种制式：________、________、________。

5. 在电子通信领域，波特率即调制速率，是指信号被调制以后在单位时间内的________，即单位时间内载波参数变化的________。

6. RS－232－C 由美国电子工业协会(EIA)制定，是目前使用最多的一种________通信总线标准。

7. MCS－51 系列单片机串行接口是一个可编程的全双工串行通信接口，通过引脚________和引脚________与外界通信。

8. MCS－51 系列单片机有关串行通信的特殊功能寄存器有三个，即________、________和________。

9. MCS－51 系列单片机串行通信 P3.0 有四种工作方式，由串行控制寄存器 SCON 中的________、______决定，即________、________、________和________。

10. 进行双机通信时，两个单片机是平等的，但是在多机通信中，有________和________之分，多机通信是指一台________和多台________之间的通信。

三、简述题

1. 串行通信与并行通信有何异同？

2. 描述异步串行通信方式中的帧格式。

3. 什么是波特率？定时器 T1 用作波特率发生器时，为何选用方式 2？

4. 在串口控制寄存器 SCON 中，试解释 SM2 位的作用。

5. 方式 2 中，串行口波特率是如何确定的？

项目 7 有舍才有得——A/D与D/A转换

任务 7-1 健康是福——简易电子秤的设计

任务要求

扫一扫

简易电子秤效果演示

用单片机实现电子秤设计，称重范围为 0 ~ 50 kg，用 0 ~ 5 V 连续可变的电压信号模拟，并在数码管上实时显示出来。电路如图 7-1 所示。利用 Proteus 仿真软件搭建电路，用 Keil C51 编写控制程序实现其功能。

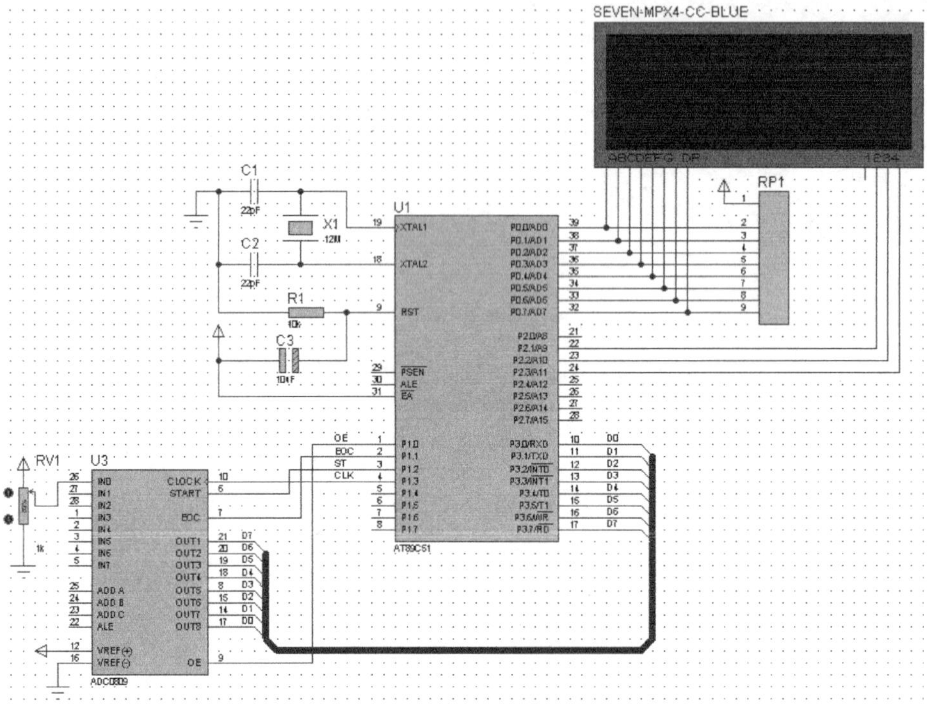

图 7-1 简易电子秤参考电路

学习目标

(1) 了解模拟信号、数字信号的概念。

(2) 掌握模/数转换的芯片及使用。

(3) 掌握数/模转换的芯片及使用。

知识储备

一、A/D 转换基础知识

A/D 转换是将外围传感信号输入单片机必需的步骤。传感器得到的信号大多数是模拟信号，不能被二值信号的单片机处理，故需要进行 A/D 转换。

1. 模拟信号与数字信号

模拟信号(analog signal)是一种连续的信号。模拟信号分布于自然界的各个角落，如每天的温度变化、湿度变化、光线变化等，人类直接感受的就是模拟信号。而数字信号(digital signal)是人为抽象出来的在时间、大小上不连续的信号，单片机使用的二值信号(0 和 1)就是一种最典型的数字信号。

模拟信号主要是指振幅和相位都连续变化的电信号，如图 7-2(a)所示，此信号可以用模拟电路进行各种运算，如放大、相加、相乘等。数字信号是离散时间信号的数字化表示，如图 7-2 (b)所示。

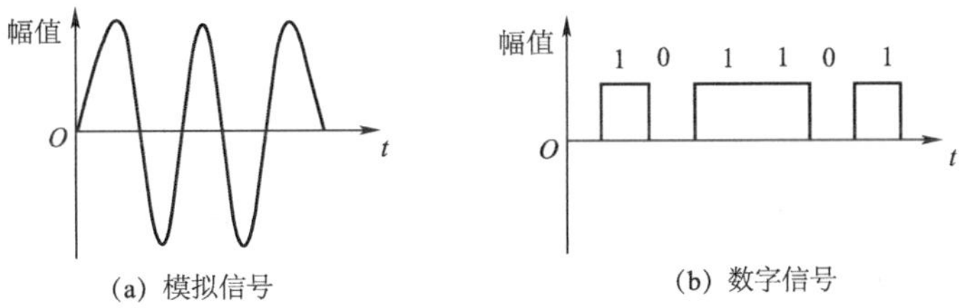

图 7-2　模拟信号与数字信号

典型的单片机控制系统示意图如图 7-3 所示。在控制系统中，外部世界的信号由传感器转换成模拟信号，再通过 A/D 转换器转换为数字信号，由单片机系统根据要求对数字信号进行相应的处理。处理完成后，单片机输出的数字信号再经 D/A 转换器将它转换为模拟信号，以驱动控制单元(如电热器、电磁阀、电动机等)，由此形成一个闭环控制系统。

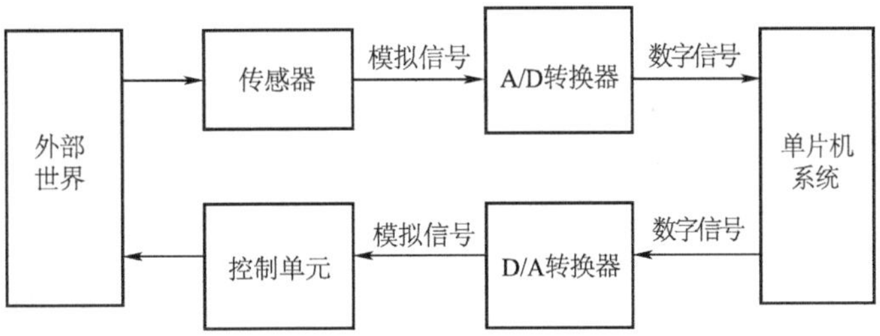

图 7-3　典型的单片机控制系统示意图

2. A/D 转换原理

A/D 转换器是通过一定的电路将模拟量转换为数字量。模拟量主要是指电压、电流等电信号，也可以是压力、温度、湿度、位移、声音等非电信号，这些非电信号通过传感器可以变成电压信号输入 A/D 转换器。A/D 转换后，输出的数字信号可以有 8 位、10 位、12 位和 16 位等类型，可根据实际需要选择不同 A/D 转换器件。

1)A/D 转换步骤

从模拟量到数字量的转换可以分为采样、保持、量化和编码四个步骤。

(1)采样。采样是指周期地获取模拟信号的瞬时值,从而得到一系列时间上离散的脉冲采样值。

(2)保持。保持是指在两次采样之间,将前一次采样值保存下来,使其在量化、编码期间不发生变化。

(3)量化。量化是将采样-保持电路输出的模拟电压转化为最小数字量单位的整数倍。

(4)编码。编码是指将量化后的数值通过编码用一个代码表示出来。代码就是 A/D 转换器输出的数字量。

2)常用 A/D 转换方法

A/D 转换器是实现模拟量向数字量转换的器件,按转换原理可分为四种:计数式 A/D 转换器、双积分式 A/D 转换器、逐次逼近式 A/D 转换器和并行式 A/D 转换器。目前最常用的 A/D 转换器是双积分式 A/D 转换器和逐次逼近式 A/D 转换器。前者的主要优点是转换精度高、抗干扰性能好、价格便宜,但转换速度较慢,一般用于速度要求不高的场合。后者是一种速度较快、精度较高的转换器,其转换时间在几微秒至几百微秒之间。

(1)双积分式 A/D 转换器。双积分式 A/D 转换器属于间接型 A/D 转换器,它是把待转换的输入模拟电压先转换为一个中间变量;然后再对中间变量量化、编码,得出转换结果。双积分式 A/D 转换器由电子开关、积分器、比较器和控制逻辑等部件组成。其原理图如图 7-4 所示。

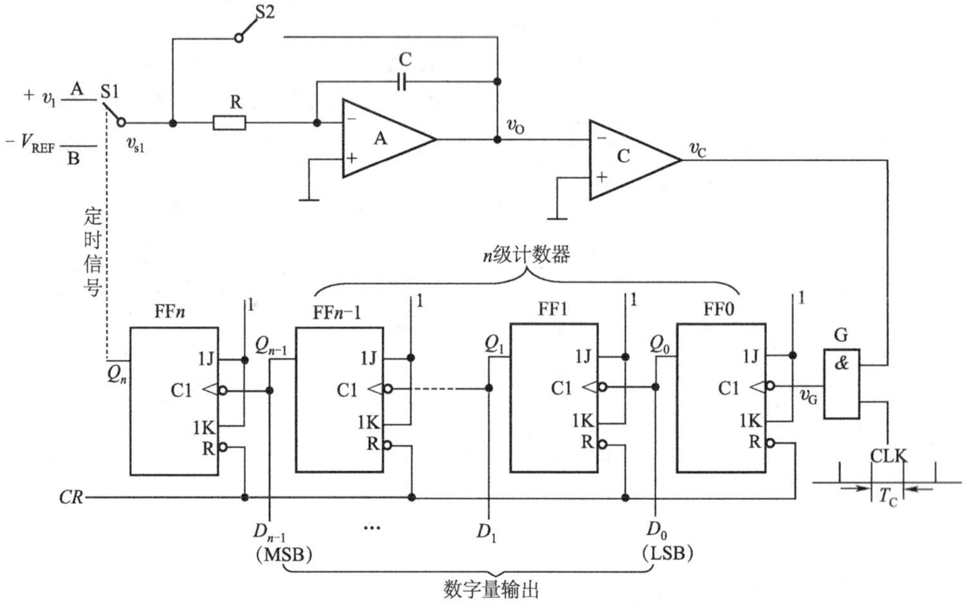

图 7-4　双积分式 A/D 转换器原理图

(2)逐次逼近式 A/D 转换器。逐次逼近式 A/D 转换器就是将输入模拟信号与不同的参考电压进行多次比较,使转换所得的数字量在数值上逐次逼近输入模拟量对应值。其原理图如图7-5所示。

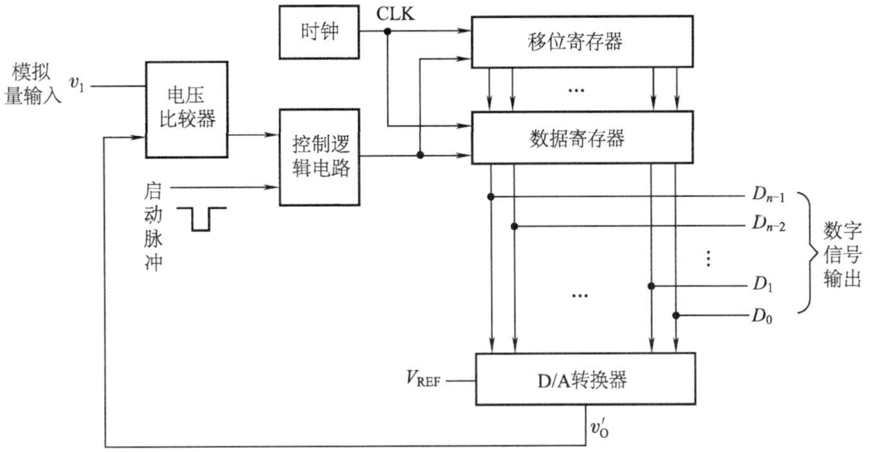

图7-5　逐次逼近式A/D转换器原理图

3)A/D转换器性能指标

(1)分辨率(resolution)。分辨率表示转换器对模拟输入量变化的分辨能力,通常用A/D转换器输出数字量的位数来表示。n位转换器,其数字量变化为$0\sim2^n-1$。如果为8位A/D转换器,5 V满量程输入电压时,则分辨率为$[5/(2^8-1)]\ \text{V}=19.6\ \text{mV}$。

(2)转换精度。A/D转换器的转换精度是指与数字输出量所对应的模拟输入量的实际值与理论值之间的差值。在A/D转换电路中,与每个数字量对应的模拟输入量并非是一个单一的数值,而是一个范围值,其中范围值的大小,理论上取决于电路的分辨率。定义范围值为数字量的最小有效位LSB。但在外界的环境影响下,与每个数字输出量对应的输入量的实际范围往往偏离理论值。精度通常用最小有效位LSB的分数值表示,目前常用的A/D转换芯片精度为(1/4)LSB~2LSB。

(3)转换误差。转换误差表示A/D转换器实际输出的数字量和理论上输出的数字量之间的差值。

(4)转换时间。转换时间是指A/D转换器从接到转换启动信号开始,到输出端获得稳定的数字信号所需要的时间。A/D转换器的转换时间主要取决于转换电路的类型,不同类型A/D转换器的转换时间相差很大。

①双积分式A/D转换器的转换速度最慢,需几百毫秒;

②逐次逼近式A/D转换器的转换速度较快,需几十纳秒;

③并行式A/D转换器的转换速度最快,仅需几十纳秒。

(5)温度系数。温度系数是指在输入不变的情况下,输出模拟电压随温度变化而变化的量。一般用满刻度的百分数表示温度每升高1℃输出电压变化的值。

由于生产商在设计A/D转换器时考虑了各种性能指标对精度的影响,一般各种误差都控制在最小分辨率以内,所以,通常转换器选型时,分辨率和转换时间是重要的性能指标。

二、A/D转换芯片ADC0809介绍

ADC0809是一个8位8通道的逐次逼近式A/D转换器。ADC0809是带有8位

A/D 转换器、8 路多路开关以及与微处理器兼容的控制逻辑 CMOS 组件。它可以和单片机直接接口。

1. ADC0809 的内部逻辑结构

ADC0809 内部逻辑结构如图 7－6 所示。

由图 7－6 可知，ADC0809 由一个 8 路模拟量开关，一个地址锁存与译码器、一个 8 位 A/D 转换器和一个三态输出锁存器组成。模拟量开关可选通 8 个模拟通道，允许 8 路模拟量分时输入，共用 A/D 转换器进行转换。三态输出锁存器用于锁存 A/D 转换完的数字量，当 OE 输入高电平，才可以从三态输出锁存器取走转换完的数据。

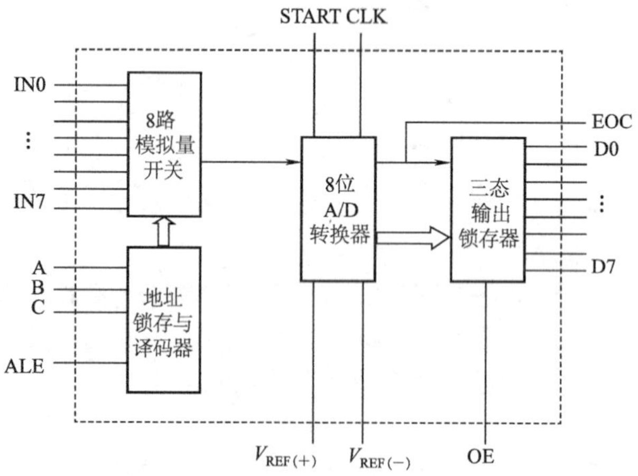

图 7－6　ADC0809 内部逻辑结构

2. ADC0809 的引脚结构

ADC0809 引脚排列如图 7－7 所示，各引脚功能如下：

（1）IN7 ~ IN0：8 个模拟量输入通道。

（2）A、B、C：地址线，其中 A 为低地址线，C 为高地址线。

（3）ALE：地址锁存允许信号。当它为高电平时，将 C、B 和 A 三个输入引脚上的通道号选择码锁存，也就是使相应通道的模拟开关处于闭合状态。实际使用时，常把 ALE 和 START 连在一起，在 START 端加上高电平启动信号的同时，将通道号锁存起来。表 7－1 为通道选择表。

（4）START：转换启动信号，高电平有效。

（5）D7 ~ D0：数据输出线，为三态缓冲输出形式，可以和单片机的数据线直接相连。

（6）OE：数据输出允许信号输入端，高电平有效。当 A/D 转换结束时，此端输入一个高电平，才能打开输出三态门，输出数字量。

（7）CLK：时钟信号。ADC0809 典型的时钟频率为 640 kHz，转换时间为 100 μs。时钟信号一般

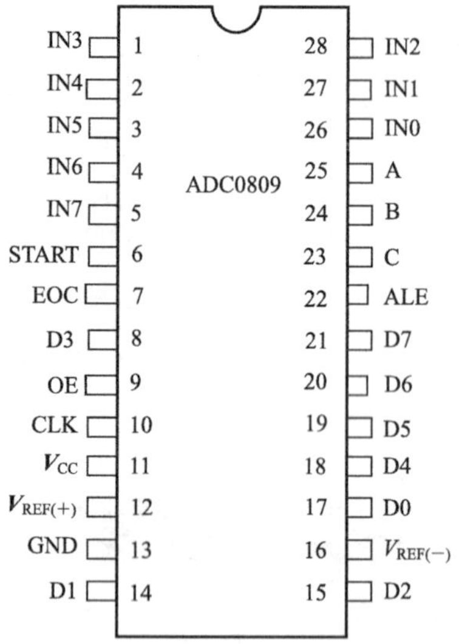

图 7－7　ADC0809 引脚排列

由单片机 ALE 经分频得到。

(8)EOC:转换结束状态信号。平时它为高电平;在转换开始后及转换过程中为低电平;转换结束,它又变回高电平。

(9)$V_{REF(+)}$、$V_{REF(-)}$:两个参考电压输入端。典型值:$V_{REF(+)}$ = +5 V、$V_{REF(-)}$ =0 V。

表 7-1 通道选择表

C	B	A	选择通道
0	0	0	IN0
0	0	1	IN1
0	1	0	IN2
0	1	1	IN3
1	0	0	IN4
1	0	1	IN5
1	1	0	IN6
1	1	1	IN7

3. AT89C51 单片机与 ADC0809 的接口

(1)采用 I/O 口直接控制方式。采用单片机的 I/O 口直接控制 ADC0809,ADC0809 的数据线直接与单片机的 P0 口相连,控制线 START、ALE、OE 和 EOC 由 P3 口相应位控制。

(2)系统扩展方式。单片机通过系统扩展方式与 ADC0809 相连,如图 7-8 所示。电路连接主要涉及两个问题:一是 8 路模拟信号通道的选择,二是 A/D 转换完成后转换数据的传送。

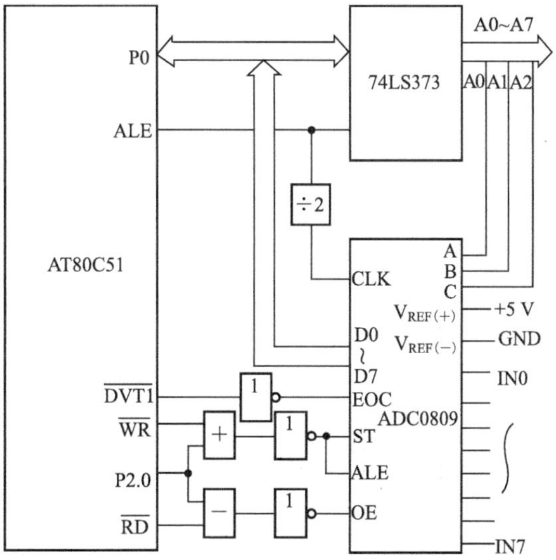

图 7-8 ADC0809 连接电路图

其中，地址锁存器74LS373是带三态缓冲输出的八口锁存器。由于单片机的数据线与地址线的低8位共用P0口，因此必须用地址锁存器将地址信号和数据信号区分开。74LS373的锁存控制端G直接与单片机的锁存控制信号ALE相连，在ALE的下降沿锁存低8位地址；高8位地址由P2口直接提供。

$\overline{RD}$：控制数据存储器的读操作，从外部数据存储器或I/O口中读数据时有效。

$\overline{WR}$：控制数据存储器的写操作，向外部数据存储器或I/O口中写数据时有效。

任务实施

一、硬件电路分析与设计

实际电子秤的传感器部分一般采用重力传感器，为初学者简化，本任务用0～5 V连续可变的电压信号模拟物体质量范围为0～50 kg，简易电子秤电路如图7－1所示，该电路包括由单片机、复位电路、晶振电路、电源电路、可调电阻器构成的模拟电压输入电路及由4位数码管组成的显示电路。模拟电压信号从ADC0809的IN0输入，经ADC0809转换为数字信号，从OUT1～OUT8输入单片机P3口，P0口接数码管，显示温度值，P2.1、P2.2、P2.3控制数码管位选码单片机的P1.0，数码管采用动态显示方式显式。

二、源程序设计

ADC0809由脉冲信号启动A/D转换，引脚P1.2向START发出高脉冲后，启动A/D转换，该高脉冲用指令模拟，当EOC引脚出现一个低电平时转换结束，然后由OE引脚控制输出，当软件指令设置OE端为1时允许输出，延时等待输出完毕后，设置OE为0关闭输出。具体程序见ex7-1.c。

```
//程序 ex7-1.c 模拟电子秤程序
#include <reg51.h>
#define uchar unsigned char
#define uint unsigned int
//数码管段码定义
uchar code LEDData [ ] = {0x3F,0x06,0x5B,0x4F,0x66,0x6D,0x7D,
0x07,0x7F,0x6F};
//ADC0809 引脚定义
sbit OE = P1^0;
sbit EOC = P1^1;
sbit ST = P1^2;
sbit CLK = P1^3;
//延时子函数
void DelayMS(uint ms)
{
    uchar i;
```

```
    while(ms--) for(i=0;i<120;i++);
}
//显示转换结果
void Display_Result(uchar d)
{
  P2 =0xF7;                    //第四个数码管显示个位数
  P0 =LEDData[d%10];
  DelayMS(5);
  P2 =0xFB;                    //第三个数码管显示十位数
  P0 =LEDData[d/100%10];
  DelayMS(5);
  P2 =0xFD;                    //第二个数码管显示百位数
  P0 =LEDData[d/100];
  DelayMS(5);
}
//主函数
void main()
{
  TMOD =0x02;
  TH0 =0x14;
  TL0 =0x00;
  IE =0x82;
  TR0 =1;
  while(1)
  {
    ST =0;
    ST =1;
    ST =0;                  //启动转换
    while(EOC==0);
    OE =1;
    Display_Result(P3);
    OE =0;
  }
}
    //T0定时器中断ADC0809,提供时钟信号
  void Timer0_INT() interrupt 1
  {
    CLK =!CLK;                 //ADC0809时钟信号
```

三、仿真结果

将 Keil C51 软件编译生成的 hex 文件加载到单片机芯片中。单击“运行”按钮,启动系统仿真,仿真结果如图 7-9 所示。调节电压,可见数码管显示值的变化。

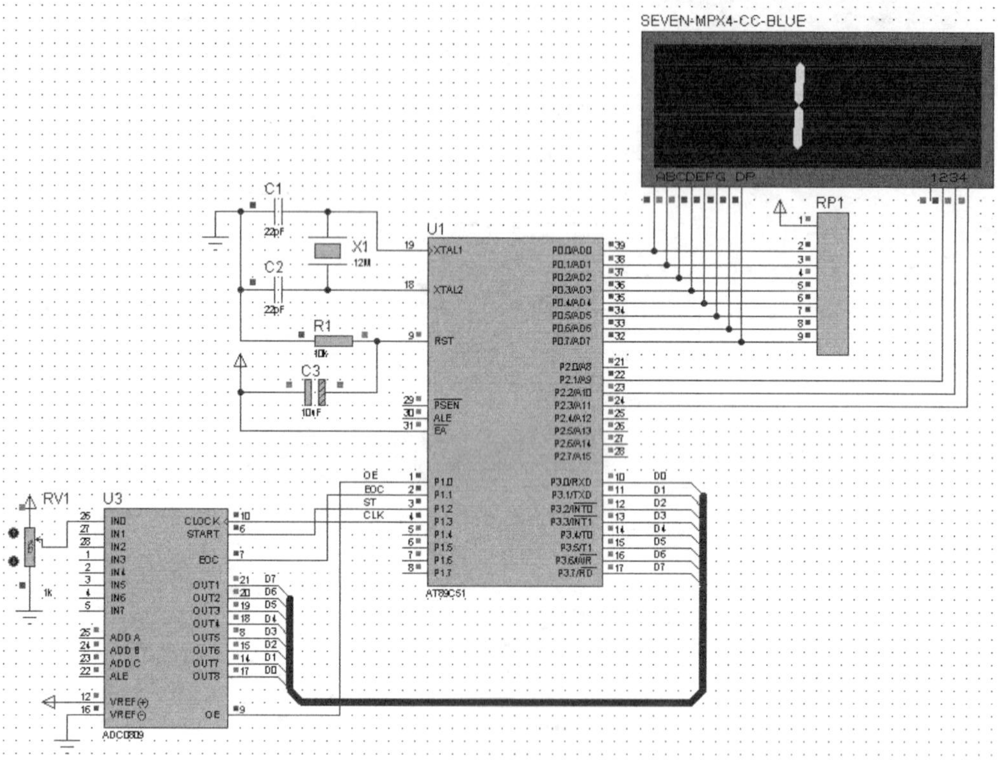

图 7-9 简易电子秤仿真图

任务 7-2 无中生有——简易波形发生器的制作

任务要求

本任务是利用外部扩展的 8 位并行 DAC0832 转换芯片实现数字量转换为模拟量,构成简易波形发生器。通过按键选择产生波形类型,并通过示波器观察波形。利用 Proteus 仿真软件搭建电路如图 7-10 所示,用 Keil C51 编写控制程序实现其功能。

扫一扫

简易波形发生器效果演示

学习目标

(1)掌握 DAC0832 转换芯片的内部结构和工作原理。

(2)掌握 DAC0832 转换芯片与 AT89C51 的接口电路设计。

(3)掌握 DAC0832 各种工作方式的程序编写方法。

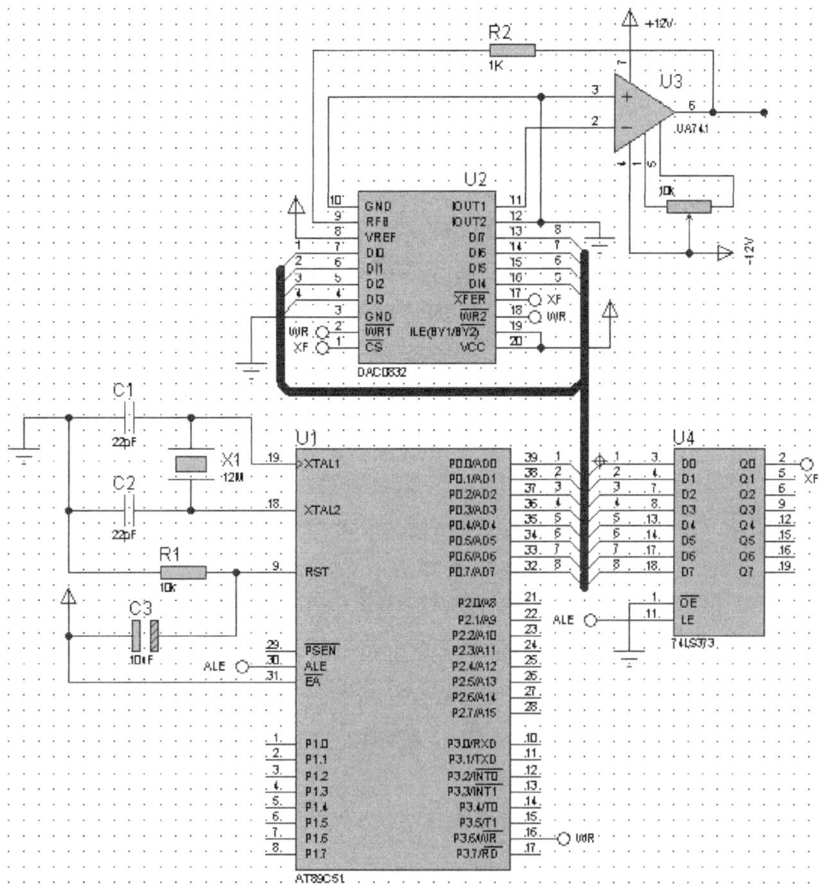

图7-10 简易波形发生器电路图

知识储备

D/A转换与A/D转换相反，是将单片机处理完的数字信号转换成模拟信号去控制外围设备工作。

一、D/A转换器概述

D/A转换器的基本功能是将一个用二进制表示的数字量转换成相应的模拟量。实现这种转换的基本方法是对二进制数的每位产生相应的电压(电流)，而这个电压(电流)大小则正比于相应的二进制位的权。它的主要技术指标包括以下内容：

(1)分辨率：通常用数字量的位数表示，一般为8位、12位、16位等。分辨率10位，表示它能对满量程的$1/2^{10} = 1/1\,024$的增量做出反应。

(2)输入编码形式：如二进制码、BCD码等。

(3)转换线性：通常给出在一定温度下的最大非线性度，一般为0.01%~0.03%

(4)转换时间：通常为几十纳秒到几微秒。

(5)输出量：有电压输出量和电流输出量。

二、D/A 转换芯片 DAC0832 介绍

1. DAC0832 的主要特性

DAC0832 是采用 CMOS 工艺制成的双列直插式单片 8 位 D/A 转换器。它可直接与 AT89C51 单片机相连，以电流形式输出；当转换为电压输出时，可外接运算放大器。其主要特性如下：

(1)输出电流线性度可在满量程下调节。

(2)转换时间为 1μs。

(3)数据输入可采用双缓冲、单缓冲或直通方式。

(4)增益温度补偿为 0.02% FS/℃。

(5)每次输入数字为 8 位二进制数。

(6)功耗 20 mW。

(7)逻辑电平输入与 TTL 兼容。

(8)供电电源为单一电源，可为 5 ~ 15 V。

2. DAC0832 的内部结构及外部引脚

DAC0832 其内部结构由输入数据寄存器、DAC 寄存器和 D/A 转换器三大部分组成。DAC0832 内部结构和外部引脚如图 7－11 所示。

输入数据寄存器和 DAC 寄存器用来实现两次缓冲，在 ILE 引脚为高电平时，这两个寄存器分别受$\overline{CS}$，$\overline{WR1}$和$\overline{WR2}$，$\overline{XFER}$控制。当多芯片同时工作时，可用同步信号实现各模拟量同时输出。

各引脚功能简介如下：

(1)$\overline{CS}$：片选信号，低电平有效。与 ILE 配合，可对写信号是否有效起到控制作用。

(2)ILE：允许输入锁存信号，高电平有效，输入寄存器的锁存信号由 ILE，$\overline{CS}$和$\overline{WR1}$的逻辑组合产生。当 ILE 为高电平，$\overline{CS}$为低电平，$\overline{WR1}$输入负脉冲时，输入寄存器的锁存信号产生正脉冲。当输入寄存器的锁存信号为高电平时，输入线上的信息送入输入锁存器；当输入寄存器的锁存信号为低电平时，输入锁存器的输出不变。

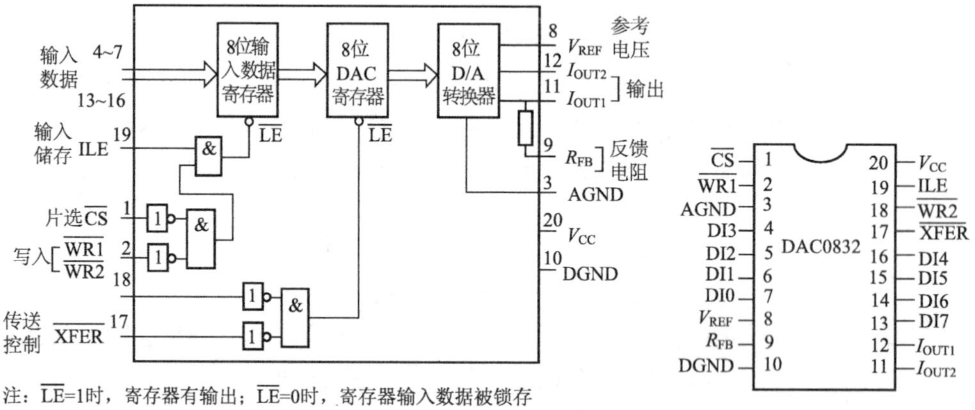

注：$\overline{LE}$=1时，寄存器有输出；$\overline{LE}$=0时，寄存器输入数据被锁存

图 7－11　DAC0832 内部结构和外部引脚

(3) $\overline{WR1}$:输入寄存器写信号,低电平有效。当$\overline{WR1}$、$\overline{CS}$和 ILE 均有效时,可将数据写入 8 位输入寄存器。

(4) $\overline{WR2}$:DAC 寄存器写信号,低电平有效。当$\overline{WR2}$有效时,在$\overline{XFER}$传送控制信号作用下,可将锁存在输入寄存器的 8 位数据送到 DAC 寄存器。

(5) $\overline{XFER}$:数据传送信号,低电平有效。当$\overline{WR2}$、$\overline{XFER}$均有效时,在 DAC 寄存器的锁存信号产生正脉冲;当 DAC 寄存器的锁存信号为高电平时,DAC 寄存器的输出和输入寄存器的状态一致。DAC 寄存器锁存信号负跳变,输入寄存器的内容送入 DAC 寄存器。

(6) V_{REF}:基准电源输入端,极限电压为 ±25 V。

(7) DI0 ~ DI7:8 位数字量输入端,DI7 为最高位,DI0 为最低位。

(8) I_{OUT1}:DAC 的电流输出 1,当 DAC 寄存器各位为"1"时,输出电流为最大;当 DAC 寄存器各位为"0"时,输出电流为"0"。

(9) I_{OUT2}:DAC 的电流输出 2。它使 $I_{OUT1}+I_{OUT2}$ 恒为一常数。一般在单极性输出时,I_{OUT2}接地;在双极性输出时,I_{OUT2}接运放。

DAC0832 与 DAC0830、DAC0831 这两种芯片的引脚和逻辑性能完全兼容,只是精度指标不同。

三、DAC0832 与 AT89C51 的接口设计

在 DAC0832 内部有两个寄存器,可以实现直通、单缓冲和双缓冲三种工作方式。

1. 直通方式

直通方式是指两个寄存器都处于开通状态,即所有有关的控制信号都处于有效状态,输入寄存器和 DAC 寄存器中的数据随 DI0 ~ DI7 的变化而变化。也就是说,输入的数据会被直接转换成模拟信号输出。这种方式在微机控制系统中很少采用。

2. 单缓冲方式

单缓冲方式即输入寄存器的信号和 DAC 寄存器的信号同时控制,输入数据直接写入 DAC 寄存器。这种方式适用于只有一路模拟量输出或几路模拟量不需要同步输出的系统。接口电路接线图如图 7-12 所示。

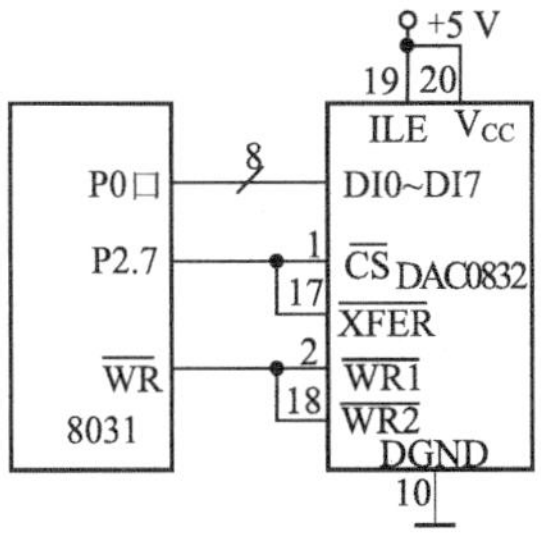

图 7-12　单缓冲方式接口电路接线图

图 7-12 中,仅由$\overline{CS}$控制数据是否允许送入 DAC0832 内部,数据送入 DAC0832 后,直接启动转换。

3. 双缓冲方式

双缓冲方式即输入寄存器的信号和 DAC 寄存器信号分开控制,这种方式适用于几个模拟量需同时输出的系统。

任务实施

一、硬件电路分析与设计

由于本任务要求比较简单,所以采用单缓冲连接方式实现单片机和 DAC0832 之间的连接。硬件电路设计采用两级运算放大器,输出电压值 $U_{out}=0\sim5$ V。具体设计

电路图如图 7-10 所示,同时根据电路图绘制仿真电路图。

二、源程序设计

该程序需要利用 absacc.h 头文件中的 XBYTE 宏,利用 XBYTE 访问扩展的 I/O 口设备,在单缓冲连接方式下,地址为 7FFFH 具体程序见 ex7-2.c。

```
//程序 ex7-2.c,功能:产生三角波
#include <reg51.h>              //包含头文件 reg51.h 定义 51 单片机的专
                                //用寄存器
#include <absacc.h>             //绝对地址访问头文件
#define uchar unsigned char
#define uint unsigned int
#define DA0832 XBYTE[0x7ffe]
unsigned int i;
void delay_1ms();               //延时 1 ms 程序
void main(void)
{
  TMOD=0x10;                    //置定时器 T1 为方式 1
  while (1)
  {
      for(i=0;i<255;i++)
      {
          DA0832=i;             //D/A 转换输出
          delay_1ms();
      }
      for(i=255;i>0;i--)
      {
          DA0832=i;             //D/A 转换输出
          delay_1ms() ;
      }
  }
}
void delay_1ms()
{
  TH1=0xfc;
  TL1=1;
  TR1=1;
  while(! TF1) ;
  TL1=0;
  TR1=0;
}
```

三、仿真结果

将 Keil C51 软件编译生成的 hex 文件加载到单片机芯片中,并加示波器进行观察,如图 7-13 所示。单击"运行"按钮,启动系统仿真,观察示波器,可见产生锯齿波(三角波),仿真结果如图 7-14 所示。

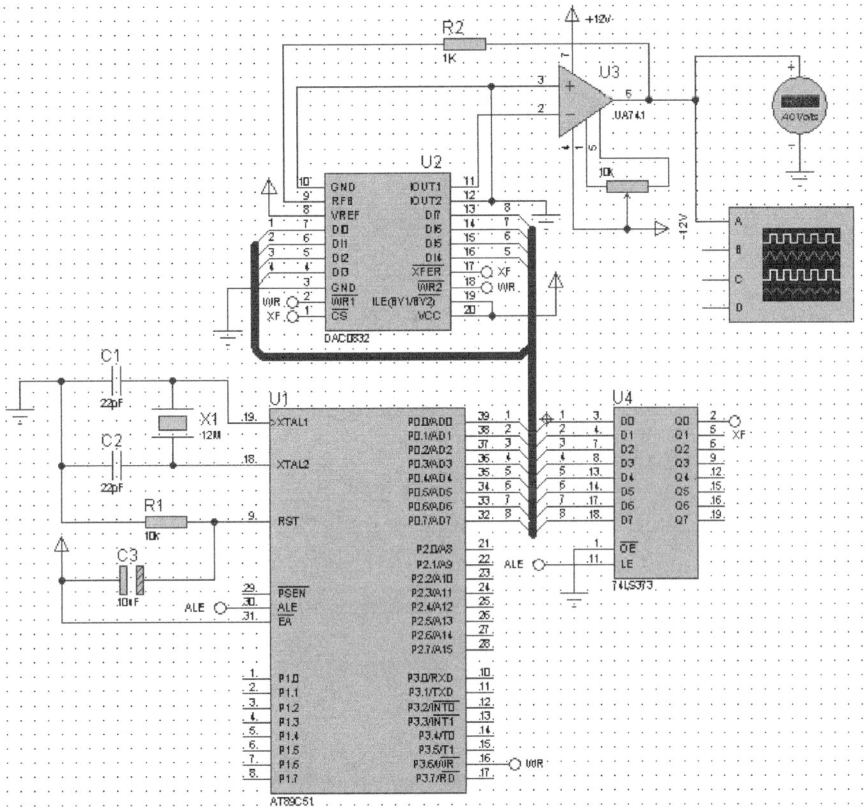

图 7-13 波形发生器仿真电路图

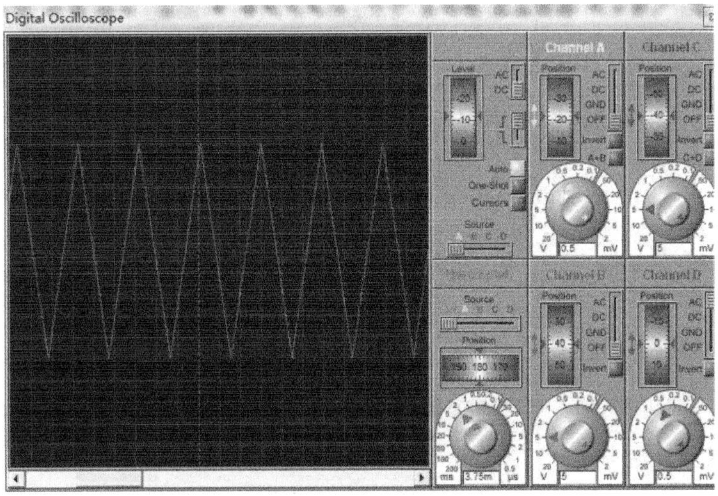

图 7-14 锯齿波波形图

小　结

A/D 和 D/A 转换器是单片机与外界模拟信号的重要沟通途径。本项目通过两个任务介绍了常用 ADC0809 和 DAC0832 的相关原理知识、硬件电路设计及软件程序设计，详细介绍了编程的方法。

练习与思考题

一、选择题

1. A/D 转换后，输出的数字信号可以有(　　)等类型。

A. 8 位　　B. 10 位　　C. 12 位　　D. 16 位

2. 从模拟量到数字量的转换可以分为(　　)几个步骤。

A. 采样　　B. 保持　　C. 量化　　D. 编码

3. A/D 转换器是实现模拟量向数字量转换的器件，按转换原理可分为(　　)。

A. 计数式 A/D 转换器　　B. 双积分式 A/D 转换器

C. 逐次逼近式 A/D 转换器　　D. 并行式 A/D 转换器

4. ADC0809 是一个(　　)位(　　)通道的逐次逼近式 A/D 转换器。

A. 8,8　　B. 8,12　　C. 12,12　　D. 12,16

5. ADC0809 内部逻辑结构主要由三部分组成:(　　)、逐次逼近型 A/D 转换器和三态输出锁存器。

A. 输入通道　　B. 逐次逼近式 A/D 转换器

C. 三态输出锁存器　　D. 双积分式 A/D 转换器

6. DAC0832 是一个(　　)位 D/A 转换器。

A. 8　　B. 10　　C. 12　　D. 16

7. 根据数据的输入过程，单片机与 DAC0832 有三种连接方式(　　)。

A. 二级缓冲器连接方式　　B. 单级缓冲器连接方式

C. 直通连接方式　　D. 三级缓冲连接方式

二、简述题

1. 简述 A/D 转换器性能指标。

2. 简述 ADC0809 应用步骤。

三、上机操作题

1. 设计单片机控制 ADC0809 硬件电路，在任务 7－1 的基础上加上带报警的程序，当重物过重时(输入超过某电压值)蜂鸣器发声报警，同时报警彩灯闪烁。

2. 设计单片机控制 DAC0832 硬件电路，编写程序让 DAC0832 输出为锯齿波，并在仿真软件中演示运行。

项目8 小试牛刀——单片机应用系统综合设计

任务8-1 动力之源——直流电动机控制器的设计与制作

任务要求

用单片机制作一个直流电动机控制器，要求能实现按键控制直流电动机转动方向、加速、减速功能，并显示出其工作状态。利用 Proteus 仿真软件搭建电路，用 Keil C51 编写控制程序实现其功能。

扫一扫

直流电动机控制器效果演示

学习目标

(1)掌握复杂系统开发方法。

(2)提高综合运用单片机知识解决问题的能力。

(3)提高软、硬件联调能力。

知识储备

一、电动机的 PWM 调制

脉冲宽度调制(pulse width modulation,PWM)简称脉宽调制。它是按一定规律改变脉冲序列的脉冲宽度，以调节输出量和波形的一种调制方式。在控制系统中最常用的是矩形波 PWM 信号，在控制时需要调节 PWM 波的占空比。占空比是正脉冲的持续时间与脉冲周期的比值，如图 8-1 所示。控制电动机的转速时，占空比越大，速度越快。如果占空比达到 100%，速度达到最快。

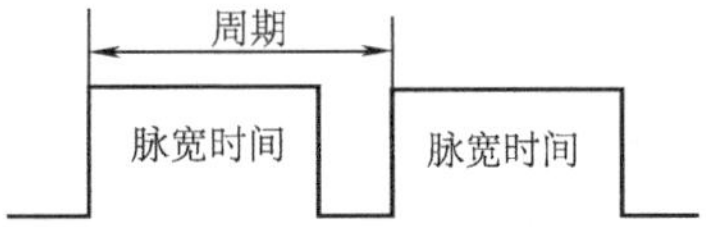

图 8-1 PWM 波信号占空比

当用单片机 I/O 口输出 PWM 波信号时，可采用如下两种方法：

1. 软件延时法

首先设定 I/O 口为高电平，软件延时保持高电平状态一段时间，然后将 I/O 口状态取反，软件延时再保持一段时间，将 I/O 口取反延时，如此循环就可以得到 PWM 波信号。占空比调节通过控制高、低电平延时时间来实现。

2. 定时器定时法

该控制方法和软件延时法类似，只是利用单片机定时器实现高、低电平翻转。

二、H 桥直流电动机驱动电路

H 桥驱动电路是非常典型的直流电动机驱动电路，如图 8 -2 所示。正因为它的形状类似字母 H，所以得名“H 桥驱动电路”。

如图 8 -2 所示，H 桥直流电动机驱动电路主要包括四个三极管和一台电动机。要使电动机运转，必须导通对角线上的一对三极管。根据不同三极管对的导通情况，电流可能会从左至右或从右至左流过电动机，从而控制电动机的转向。当三极管 Q1 和 Q4 导通时，电流将从左至右流过电动机，从而驱动电动机顺时针转动；当三极管 Q2 和 Q3 导通时，电流将从右至左流过电动机，从而驱动电动机逆时针转动。

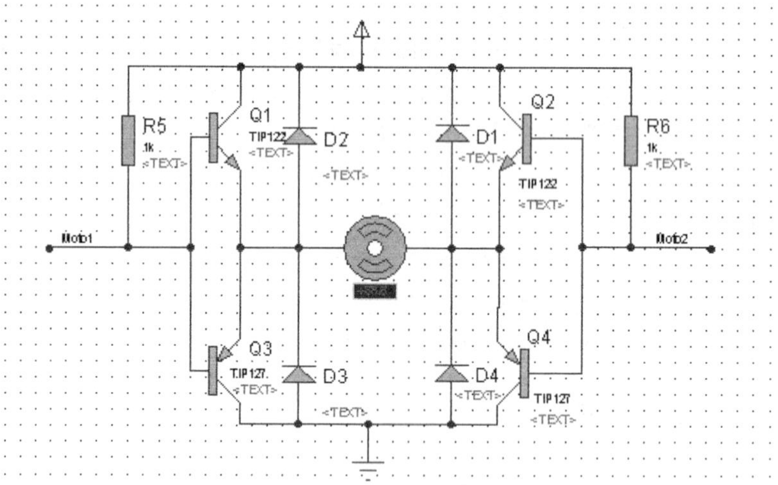

图 8-2　H 桥直流电动机驱动电路

任务实施

一、硬件电路分析与设计

直流电动机控制器任务要求是用 AT89C51 单片机作为控制器，设计三个按键控制直流电动机转动，Funckey 控制直流电动机转动方向，Inckey 为直流电动机加速键，Deckey为直流电动机减速键，用外部中断 0 检测是否有键按下。加速和减速通过定时器调节驱动电动机的 PWM 波占空比来实现，占空比十级可调，从 0% 到 100% 。用 LCD1602 显示出工作状态：第一行显示直流电动机转向，顺时针转动时显示“MotoStatus：CWD”，逆时针转动时显示“MotoStatus： CCWD”；第二行显示 PWM 波占空比“H/L：x% ”。

单片机控制的直流电动机控制器硬件电路图如图 8 -3 所示。采用分立元件搭建 H 桥驱动电路，H 桥直流电动机驱动电路主要包括四个三极管和一台电动机，单片机的 P2.6 和 P2. 7 输出两路 PWM 驱动信号，三个按键分别控制转动方向和速度，LCD1602 显示系统状态。表 8 -1 为直流电动机控制器元器件清单。

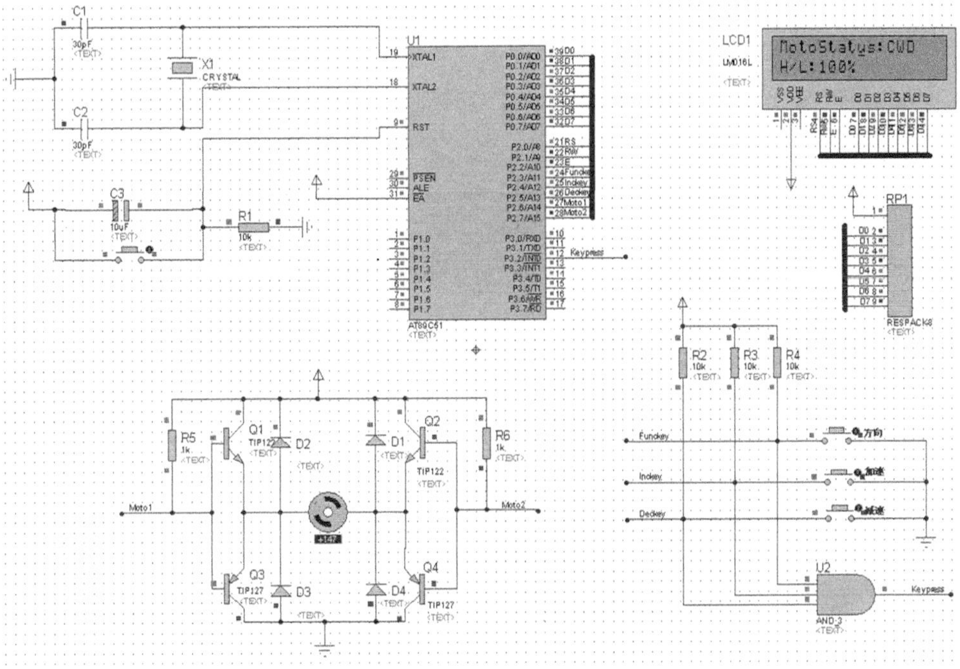

图 8-3　单片机控制的直流电动机控制器硬件电路图

表 8-1　直流电动机控制器元器件清单

序号	元器件名称	型号/参数	数量
1	单片机	AT89C51	1
2	IC 插座	DIP401	1
3	晶体振荡器	2 MHz	1
4	瓷片电容	30 pF	2
5	电解电容	10 μF	1
6	按键	4 脚	4
7	电阻	1 kΩ	2
8	电阻	10 kΩ	4
9	排阻	1 kΩ	1
10	三极管	TIP127	4
11	电动机	轴径 2 mm,5 V 供电	1
12	万能板	10 cm×10 cm	1
13	与门	74LS08	1
14	液晶显示模块	LCD1602	1

二、源程序设计

根据任务分析,程序主要由三大功能函数组成:一是检测按键并做相应记录的函数 DEY(),函数 DEY()是以外部中断 0 中断函数形式编写的,有利于提高 CPU 的利用效率,三个按键通过与门接在P3.2(外部中断1),用全局变量i和k分别记录电动机旋转方向和速度;二是电动机旋转控制函数motor(),采用PWM调速;三是液晶屏显示控制子函数lcd_display(),控制显示速度和方向。本任务具体程序参见ex8-1.c。

```
% 程序 ex8 -1.c,直流电动机控制
#include <reg51.h>
sbit P2_0 = P2^0;
sbit P2_1 = P2^1;
sbit P2_2 = P2^2;
sbit Funkey = P2^3;
sbit Inkey = P2^4;
sbit Dekey = P2^5;
sbit Motor1 = P2^6;
sbit Motor2 = P2^7;
#define LCDPORT P0
#define RSCLR P2_0 =0      //P2_0 接的是 RS 寄存器,RS =1:数据寄存器;
                           //RS =0:指令寄存器
#define RSSET P2_0 =1
#define RWCLR P2_1 =0      //P2_1 接的是 RW 寄存器,RW =1:读数据;RW =0:
                           //写数据
#define RWSET P2_1 =1
#define ENCLR P2_2 =0      //P2_2 接的是 EN 使能寄存器,写时下降沿有效,
                           //读时高电平有效
#define ENSET P2_2 =1
int i =0,k =0, L1 =0,L2 =0;
void lcd_delay(unsigned char  delayTime)
{
  while (delayTime)
  {
    delayTime --;
  }
}
void wrirte_lcd_command(unsigned char write_command)
{
  lcd_delay(40);
  RSCLR;
  RWCLR;
  ENCLR;                   //使能,下降沿触发
  LCDPORT = write_command;
```

```
    ENSET;
    ENCLR;
  }
  void write_lcd_data(unsigned char write_data)
  {
    lcd_delay(40);
    LCDPORT = write_data;
    RSSET;
    RWCLR;
    ENSET;
    ENCLR;
  }
  void initlize_lcd(void)
  {
    unsigned char i;
    for(i = 200;i > 0;i--) lcd_delay(248);
    write_lcd_command(0x3f);               //表明数据总线是 8 位,字体
                                           //大小是 5* 10 的字体
    for (i = 4;i > 0;i--) lcd_delay(248);
    write_lcd_command(0x3f);               //表明数据总线是 8 位
    write_lcd_command(0x0f);               //打开光标并且显示
    write_lcd_command(0x01);               //将地址计数器(AC)设为 00H,
                                           //DDRAM 内容保持不变,光标
                                           //移至左上角
    for(i = 4;i > 0;i--) lcd_delay(248);   //进入模式设置指令(Entry
                                           //Mode Set)
    write_lcd_command(0x06);               //光标右移,关闭整体移动
  }
  void lcd_display(unsigned char x, unsigned char y, const unsigned
char*str)                                  //字符串显示
  {
    switch (x)
    {
     case 0:
      write_lcd_command(0x80 + y); break;
     case 1:
      write_lcd_command(0xc0 + y); break;
    }
```

```
  while (* str)
  {
    write_lcd_data(* str);
    str++;
  }
}
InitInt0T0()
{
 IT0 =1;
 EX0 =1;
 EA =1;
}
unsigned char lcddisplay_row1[]={"MotoStatus:CWD "};
unsigned char lcddisplay_row2[]={"MotoStatus:CCWD"};
unsigned char lcddisplay_row3[]={"H/L:0% " };
void DEY() interrupt 0                          //按键检测及处理
{
 if(Funkey==0)
 i = ~i;
 else if(Inkey==0)
 k=k+10;
 else
 k=k-10;
 if(k<0)
 k=0;
 else if(k>100)
 k=100;
}
void Delay(unsigned int t)
{
  while (t)t--;
}
motor(int m,int n)                              //电动机转速及方向控制
{
  int n1;
  if(m==0)
{
for(n1=n;n1>0;n1--)
{
```

```
 Motor1 =1;
 Motor2 =0;}
 for(n1 =100 - n;n1 >0;n1 -- )
 {
   Motor1 =0;
   Motor2 =0;}
 }
else
{
 for(n1 =n;n1 >0;n1 -- )
 {
  Motor1 =0;
  Motor2 =1;}
  for(n1 =100 - n;n1 >0;n1 -- )
 {
   Motor1 =0;
   Motor2 =0;}
   }
 }
void main(void)
{
  initlize_lcd();
  InitInt0T0();                              //初始化外部中断
  while (1)
  {
    if(i ==0)
    lcd_display(0, 0, lcddisplay_row1);
    else
    lcd_display(0, 0, lcddisplay_row2);
    if(k ==100)
    {
      lcddisplay_row3[4] =49;
      lcddisplay_row3[5] =48;}
      else {lcddisplay_row3[4] =48;
      lcddisplay_row3[5] =48 + k/10;}
      lcd_display(1, 0, lcddisplay_row3);
      motor(i,k);
  }
}
```

三、仿真结果

将 Keil C51 软件编译生成的 hex 文件加载到单片机芯片中。单击“运行”按钮，启动系统仿真，仿真结果如图 8 – 4 所示。电动机初始速度为 0，LCD1602 显示方向“MotoStatus：CWD”，显示占空比“H/L：000%”，单击“加速”键，可观察到电动机转速提升，显示速度以 10% 速率增加，到 100% 后不再增加；单击“减速”键，可观察到电动机转速下降，显示速度以 10% 速率减少，直至为 0。单击“方向”键，可观测反方向情况。符合设计要求。

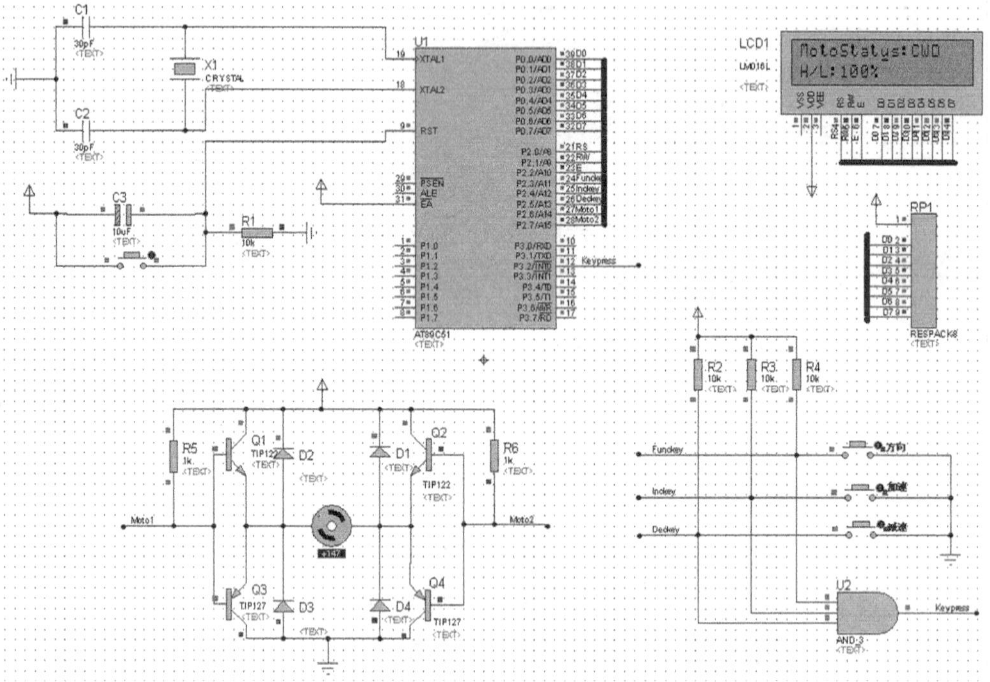

图 8 – 4　直流电动机控制器仿真图

任务 8 – 2　冷暖自知——温度计的设计与制作

扫一扫

温度计效果演示

任务要求

用单片机制作一温度计，采用数字式温度传感器 DS18B20 实时检测室内温度，并把检测的温度转换成数字信号实时显示出来。利用 Proteus 仿真软件搭建电路，用 Keil C51 编写控制程序实现其功能。

学习目标

（1）进一步熟悉数码管动态显示技术。

（2）提高综合性任务的处理能力。

知识储备

LED 动态显示技术

前述项目介绍过数码管的静态显示技术，但在数码管数量较多时，静态显示技术占用 I/O 口过多的缺陷将成为不可承受之重，故掌握数码管的动态显示技术就很有必要了。

数码管动态显示方法又称动态扫描。连接时将多位数码管的段选端（a ~ g、dp）并联到一起由一个 8 位I/O口控制，每个数码管的位选端（公共端 com）分别由一位 I/O口控制。硬件参考电路如图 8 -5 所示。在图 8 -5 中，实现单片机同时控制 6 个数码管的动态显示技术。

动态显示就是控制各位数码管分时选通，实现依次轮流点亮，在某一时刻只有一位数码管显示，依次循环即可使各位数码管循环显示需要的内容。要想使多位数码管稳定显示，只需减小间隔时间（小于 10 ms），让循环显示的速度足够快。由于人眼存在视觉暂留效应，会认为所有数码管共同被点亮。

动态显示技术适合于需要显示多个字符的场合，其本质是利用人眼的视觉暂留效应，故在同样限流电阻的情况下亮度会降低。数码管选通信号（在图 8 -5 中是 P2 口）与送显内容（在图 8 -5 中是 P1 口）需要密切配合，编程比静态显示技术复杂。

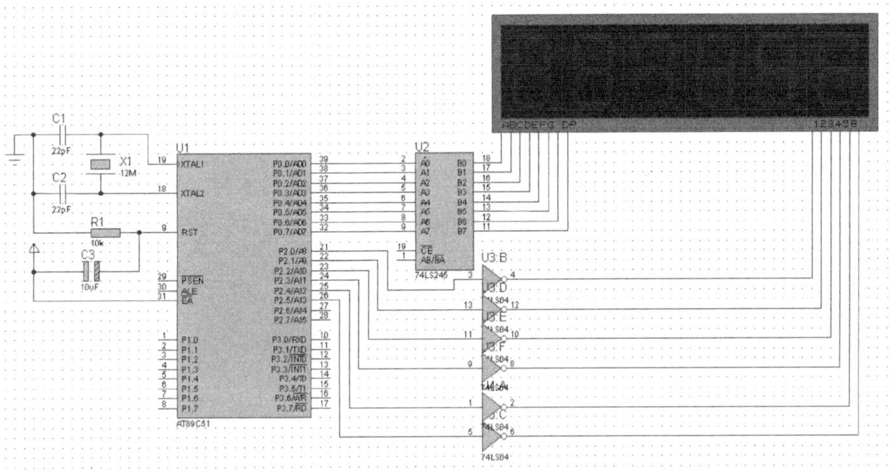

图 8-5　计数系统硬件参考电路

如下程序为数码管显示 123456 的程序（对应电路为图 8 -5 所示电路，数码管为共阳极数码管）。

```
#include <reg51.h>              //预处理命令
void delay(unsigned int i)      //延时函数,参数 i 控制延时长短
{
  unsigned int k;
  for(k=0;k<i;k++);
}
void main()                     //主函数
{
```

```
    unsigned char led[] = {0xF9,0xA4,0xB0,0x99,0x92,0x82};
   //设置字符123456 字型编码
    unsigned char i,w;
    while(1)
    {
        w=0xfe;               //位选码初值为 0xfeH
        for(i=0;i<6;i++)
        {
           P1 =0xff;          //改变位选码前让数码管各段全灭
           P2 =w;             //位选码送位控制口 P2 口
           P1 =led[i];        //显示字型编码送 P1 口
           delay(50);         //延时
           w<<=1;             //位选码左移一位,选中下一位 LED 数码管
        }
    }
}
```

任务实施

一、硬件电路分析与设计

采用单片机制作的温度计,选择数字式温度传感器 DS18B20 实时检测室内温度,并把检测的温度转换为单片机能够识别的信号,并通过数码管显示电路将测得的温度用4位共阳极数码管进行实时显示。温度计硬件电路图如图 8-6 所示。

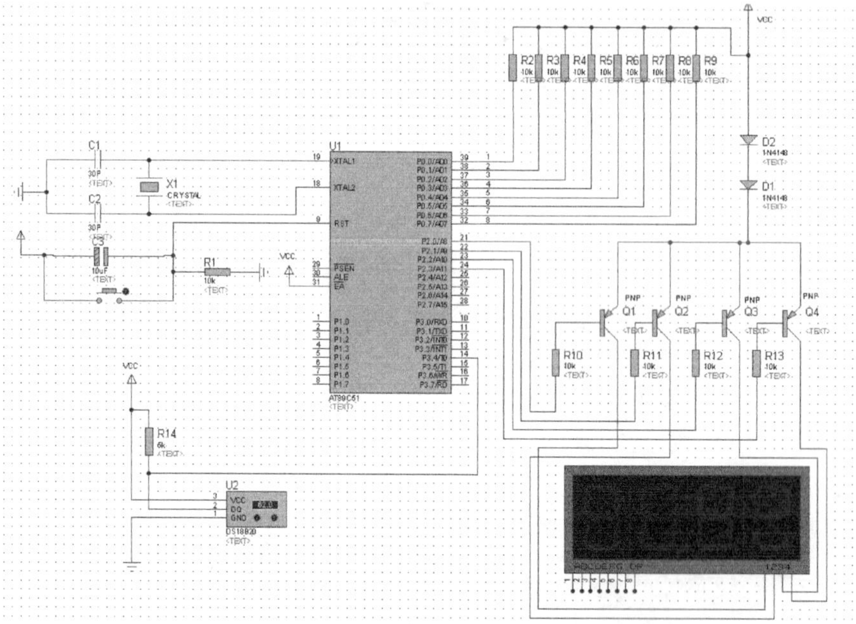

图 8-6　温度计硬件电路图

二、源程序设计

该程序中主要包含两个函数:一个函数是温度的读取与处理函数,另一个函数是温度显示函数。温度的读取与处理函数中,如果使用一个传感器,并且只需要进行温度转换并读出温度值,则可以按以下流程进行:

(1)复位。

(2)跳过 ROM 命令(0xCC)。

(3)温度转换命令(0x44)。

(4)复位。

(5)跳过 ROM 命令(0xCC)。

(6)读 RAM 命令(0xBE)。

(7)读取两字节数据。

(8)将读到的温度编码转换成温度值。

具体程序参见 ex8-2.c。

```
% 程序 ex8-2.c,温度计设计
#include <reg51.h>               //预处理命令,定义 51 单片机各寄存器的存
                                 //储器映射
#define uchar unsigned char
#define unit unsigned int
sbit DQ = P3^4;                  //定义 DS18B20 总线 IO
sbit wx1 = P2^0;                 //定义 4 位共阳极数码管选择端口
sbit wx2 = P2^1;
sbit wx3 = P2^2;
sbit wx4 = P2^3;
unit temp,temp1,temp2,xs;
uchar code table[]= {0xc0,0xf9,0xa4,0xb0,0x99,0x92,0x82,0xf8,
0x80,0x90,0x88,0x83,0xc6};       //共阳极数码管 0~9 字型编码
void delay1(unsigned int m)      //延时函数
{
  unit i,j;
  for(i=m;i>0;i--)
  for(j=110;j>0;j--);
}
void delay(unit m)               //延时函数
{
  while(m--);
}
void Init_DS18B20()              //DS18B20 复位函数
{
```

```
    uchar x=1;                    //存在标志置1
    while(x)
    {
      while(x)
      {
        DQ=1;                     //置高,准备写过程
        delay(8);
        DQ=0;                     //置低,满足复位延长时间条件
        delay(80);
        DQ=1;                     //置高,满足复位延长时间条件
        delay(4);
        x=DQ;                     //检测存在标志
      }
      delay(45);                  //延时约500μs,x消失,此时DQ已经被上
                                  //拉电阻置高
      x=~DQ;                      //x=0,退出循环
    }
      DQ=1;                       //完成复位过程
}
uchar ReadOneChar()               //读取一个字节
{
  uchar i=0;
  uchar dat=0;
  for(i=8;i>0;i--)                //循环一个字节位数
  {
    DQ=0;                         //置低,给出读过程条件
    dat>>=1;                      //暂存变量右移一位
    DQ=1;                         //置高,准备读取数据位
    if(DQ)
    dat|=0x80;                    //读取数据并存入暂存变量
    delay(4);
  }
return(dat);
}
void WriteOneChar(unsigned char dat)//写一个字节
{
  unsigned char i=0;
  for(i=8;i>0;i--)                //循环一个字节位数
```

```
  {DQ = 0;                       //置低,给出写过程条件
   DQ = dat&0x01;                //dat 右移1位,移出的最低位,赋值给 DS18B20
   delay(5);
   DQ = 1;
   dat>>=1;
  }
}
void ReadTemperature()           //从 DS18B20 读出温度及处理函数
{
  unsigned char a = 0;
  unsigned b = 0;
  unsigned t = 0;
  Init_DS18B20();                //总线复位
  WriteOneChar(0xCC);            //发送 Skip ROM 命令
  WriteOneChar(0x44);            //发送温度转换命令
  delay(5);
  Init_DS18B20();
  WriteOneChar(0xCC);
  WriteOneChar(0xBE);            //发送读温度命令
  delay(5);
  a = ReadOneChar();             //温度低 8 位
  b = ReadOneChar();             //温度高 8 位
  temp2 = a&0x0f;                //小数部分补码
  temp = ((b* 256 + a)>>4);      //整数部分
  xs = temp2* 0.0625;            //小数部分
}
void wenduxianshi()              //温度显示
{
  wx1 = 0;
  P0 = table[temp/10];           //十位数送显示
  delay1(5);
  wx1 = 1;                       //选择第一个数码管显示十位
  wx2 = 0;
  P0 = table[temp%10] + 0x80;    //个位数及小数点送显示
  delay1(5);
  wx2 = 1;
  wx3 = 0;
  P0 = table[xs%10];             //第一位小数送显示
```

```
    delay1(5);
    wx3 =1;
    wx4 =0;
    P0 =table[12];                    //第二位小数送显示
    delay1(5);
    wx4 =1;
  }
  void main()
  {
    while(1)
    {
      ReadTemperature();
      wenduxianshi();
    }
  }
```

三、仿真结果

将 Keil C51 软件编译生成的 hex 文件加载到单片机芯片中。单击“运行”按钮,启动系统仿真,仿真结果如图 8-7 所示。温度初始值为 80 ℃,数码管显示 80 ℃,单击数字式温度传感器 DS18B20 上键或下键,改变模拟温度值,可见数码管显示的检测温度值跟着变化,如图 8-7 所示。符合设计要求。

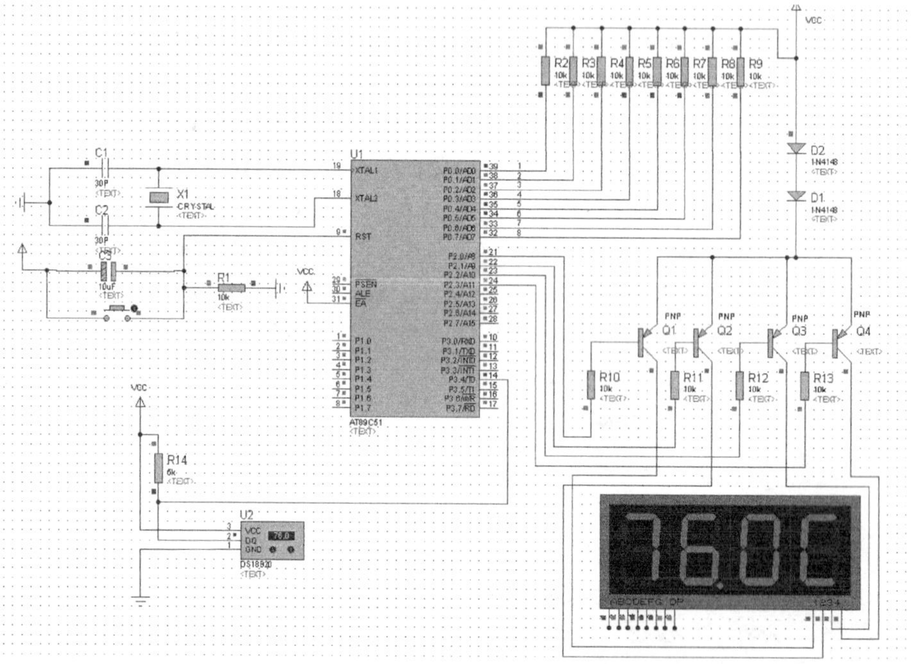

图 8-7　模拟温度计仿真图

小　结

本项目以两个单片机应用系统的综合开发任务为例，通过对系统的目标、任务、指标要求等的分析，确定软硬件的技术指标、功能分工方案，这是产品制作的第一步；分别进行软硬件设计、制作，编程是系统设计中最重要的内容。软件与硬件相结合对系统进行仿真调试、修改完善是系统设计的关键所在。

练习与思考题

上机操作题

1. 设计一个电子钟，要求实现时、分、秒显示，并可实现校时功能（时、分的校正），要求用 Proteus 软件仿真实现。

2. 设计一个空调制冷控制系统，空调压缩机电动机（用直流电动机代替）在外面温度高于 30 ℃时全速运行；当温度高于 25 ℃时半速运行；当温度低于 20 ℃时停止转动。

附录A 练习与思考题参考答案

项目1

一、选择题

1. A

2. C

二、判断题

1. ×

2. ×

3. ×

4. √

三、填空题

1. 仿真

2. 工程

3. 软件系统;硬件系统

四、上机操作题

(略)

五、分析题

1. 在终端模式中可以找到

2. 建立一个仿真图;建立一个工程文件,并编译C语言文件,生成执行文件;将执行文件下载到仿真图中并运行

3. Proteus仿真系统和Keil C51软件

4. 单步运行和直接运行

项目2

一、选择题

1. ABCD

2. AB

3. A

4. ABC

5. ABC

6. AD

7. A

8. A

9. C

二、填空题

1. 通用

2. 外部程序存储器;外部数据存储器;内部程序存储器;内部数据存储器
3. 程序存储器(ROM)
4. 工作寄存器组;位寻址区;用户 RAM
5. 1μs;2μs
6. 按键复位;上电复位
7. 两;高

三、上机操作题

(略)

项目 3

一、选择题

1. C
2. A
3. B
4. CD
5. BC

二、填空题

1. 表达式语句;赋值语句;if 语句;switch 语句;while 语句;do - while 语句;for 语句
2. bit 语句;sbit 语句;sfr 语句;sfr16
3. 定义
4. #include
5. 函数语句;函数表达式;函数参数
6. 返回值;return
7. 无参数函数;有参数函数;空函数
8. 算术运算符;关系与逻辑运算符;位操作运算符
9. 自动(auto);外部(extern);静态(static);寄存器(register)
10. 通用

三、上机操作题

参考电路如下图:

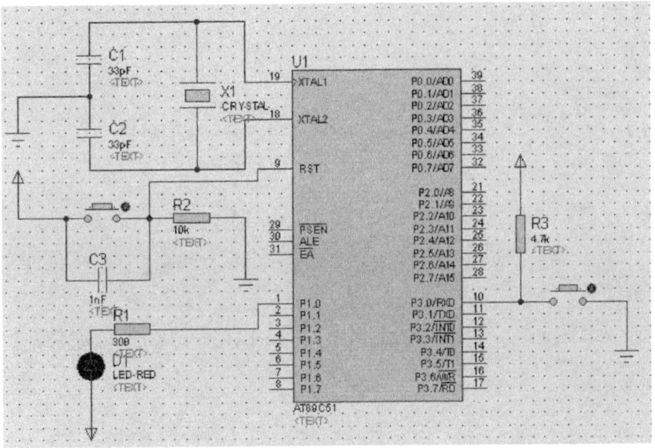

参考程序如下：

```
//功能:单键控制单灯程序
#include <reg51.h>
sbit P1_0 = P1^0;          //定义 P1.0 引脚名称为 P1_0
sbit P3_0 = P3^0;          //定义 P3.0 引脚名称为 P3_0
void  main()               //主函数
{
  bit led;                 //定义位变量 led
  P3_0 =1;                 //P3.0 作为输入口,置 1
  led = P3_0;              //读 P3.0
  if(led ==1) P1_0 =1;  //判断按键是否按下,没有按下,灯熄灭
  if()led ==0 P1_0 =0;  //按键按下,灯点亮
}
```

项目 4

一、选择题

1. B
2. A
3. AB
4. C
5. A
6. A
7. B

二、填空题

1. 静态显示;动态显示
2. 静态
3. 共阴极;共阳极

三、上机操作题

(略)

项目 5

一、选择题

1. A
2. B
3. C
4. C

二、填空题

1. (65 536 - 40 000)/256;(65 536 - 40 000)% 256;TR1 = 1
2. 机器周期脉冲
3. 外部脉冲

三、上机操作题

（略）

项目 6

一、选择题

1. D

2. B

3. B

4. D

5. C

6. D

7. C

8. D

9. C

10. C

二、填空题

1. 串行通信;并行通信

2. 接收端;发送端;任意长

3. 接收端;发送端

4. 单工制式;半双工制式;全双工制式

5. 变化;次数

6. 异步串行

7. RXD（P3.0）;TXD（P3.1）

8. 串行数据缓冲器 SBUF;串口控制寄存器 SCON;电源控制寄存器 PCON

9. SM0;SM1;方式 0;方式 1;方式 2;方式 3

10. 主机;从机;主机;从机

三、简述题

1. 串行通信是数据的各位依次逐位发送或接收,只需要一到两根数据线,其传输成本低,但在长距离传输时,由于每次只传送一位,因而速度较慢;并行通信是数据的各位同时发送或同时接收。在多位数据并行传输时,至少需要多位数据线,一根公共线、控制线等,因而成本相对较高,但其传输速率较快

2. 一个字符帧由起始位、数据位、奇偶校验位和停止位组成,帧与帧之间可以有空闲位。起始位为 0（占用 1 位）,表示一个字符的开始,可用于同步接收方的时钟,以确保能够正确接收随后的数据;停止位为 1（占用 1 ~ 2 位）,表示一个字符的结束;无字符传递时,表示空闲,空闲位为 1

3. 在电子通信领域,波特率即调制速率,是指信号被调制以后在单位时间内的变化,即单位时间内载波参数变化的次数。它是对符号传输速率的一种度量。波特率发生器需要在计数值溢出后自动重新赋值,再次开始计数,所以选用方式 2,否则溢出后要程序响应中断重新赋值。

4. SM2 为多机通信控制位，由软件设定，用于方式 2 或方式 3 多机通信。在方式 2 和方式 3 中，若 SM2 =1 且接收到的第 9 位数据 RB8 =0，则不能置位 RI；只有接收到 RB8 =1，RI 才可置 1。SM2 =1 用于多机通信中，只接收地址帧，不接收数据帧。在方式 0 时，SM2 一定要等于 0；在方式 1 时，SM2 =1 且接收到有效停止位时，RI 才置 1

5. 方式 2 的波特率是固定的，有两种，即 $f_{osc}/32$ 和 $f_{osc}/64$，其公式为波特率 = $\frac{2^{SMOD}}{64}\times f_{osc}$

项目 7

一、选择题

1. ABCD

2. ABCD

3. ABCD

4. A

5. A

6. A

7. ABC

二、简述题

1. A/D 转换器性能指标包括：分辨率、转换精度、转换误差、转换时间、温度示数等。

2. ADC0809 应用步骤如下：

(1) ADC0809 内部带有输出锁存器，可以与 AT89S51 单片机直接相连。

(2) 初始化时，使 ST 和 OE 信号全为低电平。

(3) 送要转换的通道地址到 A、B、C 端口上。

(4) 在 ST 端给出一个至少有 100 ns 宽的正脉冲信号。

(5) 是否转换完毕，可根据 EOC 信号来判断。

(6) 当 EOC 变为高电平时，给 OE 高电平，转换的数据就输出给单片机。

三、上机操作题

（略）

项目 8

上机操作题

（略）

附录B 图形符号对照表

图形符号对照表见表 B-1。

表 B-1　图形符号对照表

序号	名称	国家标准的画法	软件中的画法
1	按钮开关		
2	晶体振荡器	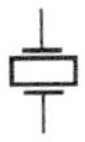	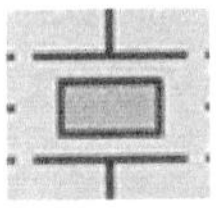
3	发光二极管		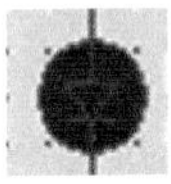
4	三极管		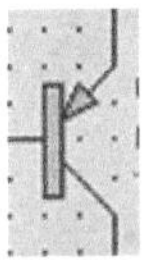
5	电动机		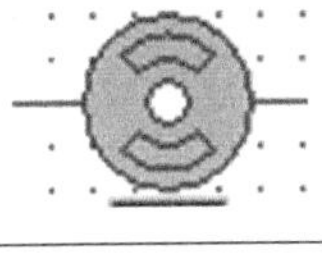
6	二极管		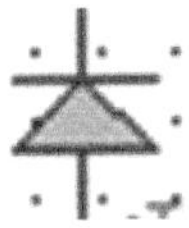
7	电解电容	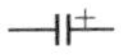	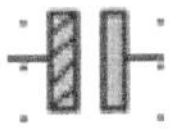
8	与门	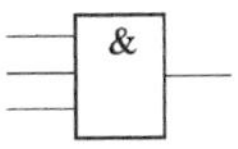	
9	电阻		

参 考 文 献

[1] 王建珍. 单片机应用技术项目化教程:C 语言版[M]. 北京:中国铁道出版社,2017.
[2] 王静霞. 单片机应用技术:C 语言版[M]. 4 版. 北京:电子工业出版社,2019.
[3] 华满香. 职业院校学生专业技能抽查标准与题库丛书:电气自动化技术[M]. 湖南:湖南大学出版社,2012.
[4] 丘利丽,何波. 基于 C 语言与 Proteus 联合仿真的单片机技术[M]. 北京:电子工业出版社,2019.
[5] 商联红,徐自远. 单片机控制技术项目训练教程[M]. 北京:高等教育出版社,2015.
[6] 胡长胜. 单片机原理及应用[M]. 2 版. 北京:高等教育出版社,2015.